I0309988

www.ingramcontent.com/pod-product-compliance
Lightning Source LLC
Chambersburg PA
CBHW070423010526
44118CB00014B/1880
9780995833838

به نام مناسب ترین واژه ها

به رسم محبت به نام خدا

تقدیم به

از طرف:

وقتی به

اولین کتابی که

مادران و پدران باید بخوانند.

دنیا اومدی

به قلم: نغمه کشاورز

تقدیم به مادر عزیزم

ناهید حبیبی و مرحوم پدرم سیروس کشاورز

که هر چه دارم از آنهاست

"من نهال هستم، فقط ۵ ماه دارم، عاشق صدای مادرم هستم و عاشق آن خنده‌های پدرم. به نظر من وقتی مادرم آن قیافه‌های خنده‌دار را از خودش درمیاورد، بهترین لحظه دنیاست، پدرم در بازی با من بسیار حوصله دارد، هیچ‌وقت از شکلک درآوردن خسته نمی‌شود، خیلی دوست داشتم که مامانم هم زیاد با من بازی می‌کرد، اما مادرم همیشه کار دارد. با من بازی می‌کند، ولی خیلی کم و همیشه یک نگرانی‌هایی دارد، فکر کنم این استرس یک جورایی مُسری هم هست، چون وقتی خیلی استرس دارد، شیری که من می‌خورم هم مثل حباب تو شکم من قل‌قل می‌کند. تازگی‌ها، می‌توانم دستم را به اسباب‌بازی‌های بالای سرم بزنم، خیلی هیجان‌انگیزند، بعضی وقت‌ها که آدم‌های غریبه به خانه‌مان می‌آیند، خیلی خسته می‌شوم، فقط دوست دارم در تختم یا صندلی غذایم باشم و بازی نکنم. صورتم را به‌طرف دیگر می‌کنم که آدم‌ها با من بازی نکنند، اما آن‌ها نمی‌فهمند که من دیگر نمی‌خواهم بازی کنم."

"اسم من علیرضاست، من تازه دوساله شده‌ام، مامانم خیلی مهربان است و می‌داند که من از لمس کردن چیزهای مختلف خیلی خوشم می‌آید، واسه همین هرروز یک غذای جدید درست می‌کند، من عاشق دست کردن توی غذاها هستم تا جنسشان را ببینم، آن‌ها را له کنم و گاهی توی دهانم مزه مزه کنم، بعضی از غذاها قرمز و زرد هستند، وقتی آن‌ها را روی صندلی، میز و لباسم می‌مالم همه‌جا را قرمز می‌کنند، مثل نقاشی، خیلی جالب است، مامانم هم از این کار من خوشش می‌آید، به سمت من می‌آید و من را تشویق می‌کند و با صدای بلند می‌گوید (نکن) فکر کنم یعنی از اینکه همه‌جا را قرمز کردم خوشش آمده، چون صدایش از همیشه بلندتر است. به‌هرحال هر وقت، این کارها را که می‌کنم، بیشتر به من توجه می‌کند. وقتی به من توجه نمی‌کند، من لیوان آب یا بشقابم را به زمین می‌اندازم و او خیلی خوشش می‌آید و سریع به من توجه می‌کند. دوست دارم همه‌کارهایم را خودم انجام بدهم، کاش به من اجازه می‌دادند!"

سریال کتاب: P1945320001

عنوان: وقتی بدنیا اومدی

زیر نویس عنوان: کتابی که تمام مادران و پدران بچه های ۰ تا ۳ ساله باید بخوانند

نویسنده: نغمه کشاورز

شابک کانادا: ISBN 978-0-9958338-3-8

موضوع: فرزند پروری، روانشناسی

مشخصات کتاب: سایز رقعی، صحافی مقوایی

تعداد صفحات: ۲۱۶

تاریخ نشر در کانادا: ۲۰۱۹

هر گونه کپی و استفاده غیر قانونی شامل پیگرد قانونی است.
تمامی حقوق چاپ و انتشار در خارج از کشور ایران محفوظ و متعلق به انتشارات می‌باشد
Copyright @ 2022 by Kidsocado Publishing House
All Rights Reserved

Kidsocado Publishing House

خانه انتشارات کیدزوکادو

ونکوور، کانادا

تلفن: +1 (833) 633 8654
واتس آپ: +1 (236) 333 7248
ایمیل: info@kidsocado.com
وبسایت انتشارات: https://kidsocadopublishinghouse.com
وبسایت فروشگاه: https://kphclub.com

سلام هم زبان

دستیابی ایرانیان مقیم خارج از کشور به کتاب‌های بسیار متنوع و جدیدی که نگاشته و چاپ می‌شوند، محدود است. ما قصد داریم این خدمت را به فارسی زبانان دنیا هدیه دهیم تا آنها بتوانند مانند شما با یک کلیک کتاب‌هایی در زمینه های مختلف را خریداری کنند و درب منزل تحویل بگیرند.

گروه KPH و یا خانه انتشارات کیدزوکادو تحت حمایت گروه کیدزوکادو این افتخار را دارد تا برای اولین بار کتاب‌های با ارزش تألیفی فارسی را در اختیار ایرانیان مقیم خارج از ایران قرار دهد.

از اینکه توانستیم کتاب‌های جدید و با ارزشی که به قلم عالی نویسندگان و نخبگان خوب ایرانی نگاشته شده است را در اختیار شما قرار دهیم و در هر چه بیشتر معرفی کردن ایران و ایرانیان و فارسی زبانان قدم برداریم، بسیار احساس رضایتمندی داریم.

این کتاب‌ها تحت اجازه مستقیم نویسنده و یا انتشارات کتاب صورت گرفته و سود حاصله بعد از کسر هزینه‌ها، به نویسنده پرداخته می‌شود.

خانه انتشارات کیدزوکادو در قبال مطالب داخل کتاب هیچ‌گونه مسئولیتی ندارد و صرفاً به عنوان یک انتشار دهنده می‌باشد. و شما خواننده عزیز می‌توانید با گذاشتن نظرات در وب سایتی که کتاب را تهیه کرده‌اید ما را به این کار فرهنگی دلگرم‌تر کنید. از کامنتی که در برگیرنده نظرتان نسبت به کتاب است عکس بگیرید و برای ما به این ایمیل بفرستید از هر ۴ نفری که برایمان کامنت می‌فرستند، یک نفر یک کتاب رایگان دریافت می‌کند.

ایمیل : info@kidsocado.com

"من رایان هستم تازه یک هفته است متولد شدم، من نمی‌توانم خوب ببینم، نمی‌دانم در این دنیا هم مثل دنیای قبلی، تنها هستم یا نه، احساس می‌کنم هر وقت گرسنه می‌شوم، یک نفر گرسنگی‌ام را رفع می‌کند و آن موقع بهترین لحظه دنیاست، آن یک نفر، وقتی آرام هست و من را در آغوشش محکم می‌گیرد، بسیار هیجان‌زده می‌شوم و قلبم شروع می‌کند به تند تند زدن. الان دارم یاد می‌گیرم که کسی که هر وقت ناراحت هستم، کمکم می‌کند که ناراحتی‌هایم خوب شود، خودم هستم و یا یک فرد دیگری است که البته گاهی ناراحتی من را درک نمی‌کند، اما خیلی تلاش می‌کند که حال من را خوب کند، من هم دارم یاد می‌گیرم که چطوری منظورم را به او بفهمانم!"

"من سارینا هستم فقط یک سال و ۲ ماه دارم و تازه راه رفتن را یاد گرفتم، بیرون رفتن را دوست دارم و یاد گرفتم که هر چیزی را پرت می‌کنم صدای جالبی می‌دهد، دوست دارم اجسام مختلف را به زمین بیندازم، چون هر زمین که جنس جدیدی دارد، صدای جدیدی هم می‌دهد و بعضی چیزها خورد می‌شوند و بعضی چیزها پخش می‌شوند تا این بازی را می‌کنم مامانم عصبانی می‌شود، من نمی‌فهمم چرا؟

من دارم چیزهای جدید تجربه می‌کنم و کشف‌های جدید می‌کنم، خیلی هیجان‌انگیزند! نمی‌دانم مادرم، چرا بجای اینکه خوشحال بشود، عصبانی می‌شود و آن جسم را از من می‌گیرد، ولی نمی‌گوید بجای آن با چه چیزی بازی بکنم!"

ما نوزادان و کودکان نوپا هستیم و این کتاب به خاطر ما نوشته‌شده است. در این کتاب دلایل رفتارهایمان بررسی‌شده است، اینکه چرا گاهی شب‌ها نمی‌خوابیم، بد غذا هستیم، جیغ می‌کشیم و یا به دختر خاله مان اسباب بازی نمی دهیم. چرا در خانه خود خوب رفتار می کنیم اما در خانه خاله آن همه بهانه جویی می کنیم، دلیل اینکه یک روزهایی اجازه نمی‌دهیم تا پوشکمان را عوض کنید چیست. این کتاب هدیه ایست به شما مادرها و پدرهای مهربان که دنیای ما را بهتر بشناسید. ممنون که ما این‌قدر برای شما مهم هستیم که به خاطر ما، وقت می‌گذارید و این کتاب را می‌خوانید. ما تازه‌واردها به این دنیا، به کمک شما نیاز داریم و قبل از هر چیز مهم است که ما را بشناسید و دنیا را با چشمان ما ببینید. تا بتوانیم ارتباط بهتری را باهم داشته باشیم. سپاس که این‌قدر مهربان هستید.

If your child barely talks to
that's probably because you
your spouse judge them too
much.
The biggest reason some kids talk
85

پیشگفتار

آرام کردن یک کودک که در اواسط شب فریاد می‌کشد، بسیار سخت‌تر از آن است که به نظر می‌رسد! سعی کنید به یاد داشته باشید که این سختی‌ها است که از ما مادر و پدر می‌سازد. در زندگی روزهایی هست که مادر و پدر هر کاری می‌کنند، نمی‌توانند بفهمند نوزادشان چرا ناآرامی می‌کند و دردش را نمی‌فهمند. نگران نباشید اگر این اتفاق بیفتد. کودک شما می‌فهمد که شما سعی می‌کنید، درد او را بفهمید. به یاد داشته باشید: کودک شما برای رشد سالم و طبیعی به یک والد همه‌چیزتمام نیـاز ندارد، او به والدینی نیاز دارد که تلاش خودشان را می‌کند. مهم‌تر از همه، به یاد داشته باشید که پرورش کودکان یک سفر طولانی از شادی بی‌وقفه نیست و لحظات سخت و موقعیت‌های اذیت کننده هم دارد. توانایی شما برای پذیرفتن و مواجه‌شدن با این احساسات، به شما کمک می‌کند تا مسیر پیوند خود با فرزندتان را پیدا کنید که گاهی اوقات، احساسات طبیعی همیشه لذت‌بخش نیست.

چرا این کتاب را نوشتم؟

درست از همان روزی که به من گفتند انسان دیگری در وجود تو در حال شکل‌گیری است، همان لحظه‌ی عجیب و به‌یادماندنی، هم احساس خوشحالی کردم و هم احساس کردم بار سنگینی را بر شانه‌هایم گذاشتند، مسئولیتی که از آن هیچ نمی‌دانستم. اما می دانستم مسؤلیت سنگینی است، از همان روز یعنی مهرماه ۱۳۸۵ تصمیم گرفتم که مطالعه و تحقیق در حیطه فرزند پروری را شروع کنم، دیگر فقط آینده خودم تنها در دستانم نبود بلکه آینده و سرنوشت یک انسان دیگر هم به دستان و تصمیمات من بستگی داشت. مطالعه‌ی کتاب‌های علمی و عضو شدن به وب‌سایت‌های دانشگاهی که مقالات و تحقیقات جدید علمی را برایم می‌فرستادند و دیدن دنیای وسیعی که روبرویم بود، باعث شد که به این زمینه یعنی فرزند پروری علاقه‌مند شوم. دیدم که بسیاری از مادران و پدران به یادگیری این مطالب مانند من نیاز دارند. دیدم که بسیاری از اطرافیانم در هیچ

وقتی به دنیا اومدی

مدرسه و کلاسی، مسئله‌ای به این مهمی را یاد نگرفته‌اند. سپس با شرکت در دوره‌های عالی در آمریکا و کانادا که در آن جدیدترین متدهای فرزند پروری آموزش داده می‌شد و دریافت مدارک لازم، تصمیم گرفتم این راه را به‌عنوان حرفه‌ام برگزینم و در این جهت، چکیده مطالعات، سمینارها، کلاس‌های آموزشی، نتایج جلسه‌های پرسش پاسخ با والدین و تحقیقاتم در این مدت را به‌صورت ۴ کتاب که هرکدام برای سنین خاصی از فرزندان آماده‌شده‌اند، دربیاورم.
در این راستا، جدیدترین و کامل‌ترین کلاس‌های آموزش فرزند پروری آنلاین در کشور را طراحی کنم و در اختیار هم‌وطنانم قرار دهم.

من قبل از اینکه یک مربی والدین باشم یک مادرم.

در طول دوره مطالعاتم، من و همسرم این تمرینات را برای فرزندمان بکار بستیم و خوشحالم بگویم که در ده سال گذشته کمتر از بقیه پدرها و مادرهایی که چه کاری و چه از طریق دوستی با آنها در ارتباط بودم به مشکل در ارتباط با پسرمان روبرو شده‌ایم و همواره بین ما و فرزندم **ارشیا** روابط والد - فرزندی کاملاً صمیمانه و صادقانه وجود دارد.

در درجه اول از شما سپاسگزارم که این کتاب را تهیه‌کرده‌اید و وقت می‌گذارید تا مطالبی بسیار مهم، در باب فرزند پروری بخوانید، زمانی که برای آموزش خود می‌گذارید در زندگی فرزند و فرزندان شما یک سرمایه‌گذاری محسوب می‌شود تا در آینده وقت و انرژی کمتری برای حل و روبرویی با مشکلات صرف کنید و به شما تبریک میگویم که جزء معدود کسانی هستید که به دنبال آموزش‌های جدید درزمینهٔ پرورش فرزندان هستند، یک‌بار از استاد گران‌قدری شنیدم که می‌گفتند در خانه‌های ایرانیان برای ارتباط بین بادمجان و گوجه‌فرنگی، بیشتر از روابط انسانی می‌توان کتاب برای مطالعه یافت، متأسفانه این صحبت گرچه طنزآمیز بود اما بسیار درست است، در خانه‌های ما تعداد کتاب‌های آشپزی بیشتر از کتاب‌های رشد فردی و روابط انسانی است. فقط عده بسیار کمی در کشور ما به دنبال یادگیری راه‌های جدید ارتباطی هستند و اینکه شما اکنون در حال مطالعه این کتاب هستید بدان معناست که شما جزء آن دسته معدود هستید.

پیشگفتار

درزمینهٔ پرورش فرزند می‌توان هزاران صفحه نوشت، اما در عصر امروز که انسان‌ها وقت برای کارهای روزمره کم می‌آورند بهترین راه، خواندن چکیده مهم از سال‌ها مطالعات، تحقیقات، سمینارها و کارگاه‌های دانشمندان در این زمینه است. در این کتاب تعدادی نکات کلیدی و مهم را گرد هم آوردم که انجام آن نه‌تنها امکان‌پذیر است، بلکه نتایج بسیار قابل‌توجهی را در بر خواهد داشت. از این نکات به‌عنوان ابزارهای پرورش یادشده است.

از نظر من هر پدر و مادری برای ارتباط گرفتن با فرزند خود، نیازمند به یک صندوقچه ابزار است که این ابزارها عبارت‌اند از راهکارها و متدهای درست و صحیح پرورشی و تربیتی. هر چه صندوق شما به ابزارهای جدید و وسایل کاربردی بیشتری مجهز باشد، زندگی را برای خود و فرزندتان راحت‌تر می‌کند.

تا بوده و نبوده انسان‌های زیادی پا به این دنیا گذاشته‌اند که همه در کودکی در نقش فرزند بوده‌اند. صندوق ابزار اجداد ما، بسیار خالی بود شاید در آن فقط دو ابزار قدیمی **تنبیه بدنی** و **تهدید کردن** بود و شاید در مواردی از فرزند صالح‌تر برای تضعیف و کوچک کردن بقیه فرزندان استفاده می‌کردند؛ و اما پدربزرگ‌ها و مادربزرگ‌های ما، تشویق را به جعبه‌ابزار خود اضافه کردند. حال‌آنکه پدران و مادران ما ابزارهای بیشتری برای پرورش ما داشتند مانند همراهی بیشتر، مهربانی و ...

وقتی به دنیا اومدی

زمانه با سرعت بسیار زیادی روبه پیشرفت است و ما در عصر ارتباطات، به وسایل و ابزار بسیار بیشتر و مؤثرتری برای داشتن آینده بهتر برای فرزندمان نیاز داریم. دیگر نه تنبیه بدنی جواب می‌دهد و نه حتی بعضی از تشویق‌های مادی و معنوی!

اما مادرها، پدرها و مربیان امروز این اطلاعات را از کجا بیاموزند؟ آنچه ما والدین امروزی آموخته‌ایم بیشتر از والدینمان یاد گرفته‌ایم.

در دنیای امروز متأسفانه بیشتر تمرکز والدین به‌سلامت جسمی و زیبایی ظاهری نوزاد است، این‌که چه بخورد، چه بپوشد، چگونه وزنشان کم نشود و کمتر مریض بشود. اکثر کتبی که در ایران نگاشته شده در جهت آموزش این‌گونه موارد است و البته نمی‌گویم که این موارد مهم نیست اما یک والد کامل، والدی است که به رشد جسمانی، هوش و رشد رفتاری کودکش هم‌زمان و با تعادل بپردازد.

متأسفانه گروه کمی وقت برای این مهم می‌گذارند که **درست زندگی کردن** را به کودکانشان بیاموزند. بسیاری از ما والدین از بابت جسمانی و تحصیلی بسیار خوب پرورش یافته‌ایم اما راه‌های ارتباط مؤثر داشتن با دیگران را نیاموخته‌ایم و بسیاری از ما اکنون درگیر مشکلات خانوادگی و روابطی هستیم. بسیاری از ما هنوز یاد نگرفتیم خودمان را دوست داشته باشیم، بسیاری از ما از **" نه گفتن "** می‌ترسیم و یا منتظریم تا بقیه تأییدمان کنند. بعضی از ما ترس‌هایی داریم که از کودکی برایمان مانده است. اعتمادبه‌نفس نداریم و یاد نگرفتیم از زندگی لذت ببریم.

من بسیاری از مادران و پدران را دیده‌ام که زمان بارداری ساعت‌ها در مراکز خرید برای پیدا کردن لباس و وسایل نوزاد وقت می‌گذرانند و یا مادرانی که اینترنت را به دنبال دستور غذای جدید زیر و بالا می‌کنند، اما یک کتاب برای پرورش رفتار و شخصیت نوزاد در خانه ندارند. یک کلاس آموزشی شرکت نکردند و خوشحالم که شما جزء آن دسته نیستید.

در این کتاب در ابتدا کمی با روحیات کودک تازه به دنیا آمده و دنیای واقعی او آشنا می‌شویم و دلایل کارها و رفتارهایش را می‌شناسیم بسیاری از مواقع به دلیل اینکه نمی دانیم در ذهن او چه می گذرد نمی توانیم با او ارتباط خوبی برقرار کنیم، پس ابتدا عالم نوزادی را خوب می شناسیم سپس با چگونگی کارکرد مغز آشنا می‌شویم، شناخت مغز به ما کمک می کند که بتوانیم به کودکمان

بیشتر نزدیک شویم تا او به ما اعتماد کند و بهتر بتواند دلایل حرف‌های ما را درک کند و به حرف‌هایمان گوش کند، دلیل بعضی از گریه ها و بهانه های بی وقفه اش را می توانیم بفهمیم و یاد بگیریم چگونه آنرا به خنده تبدیل کنیم. در فصل‌های بعدی کتاب، به متُد بسیار کارآمد فرزند پروری می‌پردازیم و می‌آموزیم که چگونه یک والد بااقتدار مثبت شویم.

والدگری بااقتدار مثبت به ما کمک می‌کند بدون اینکه دعوا، گریه و ناراحتی در خانه باشد با فرزندمان ارتباط بگیریم در این خانه فرزندان از بازی و تعامل لذت می‌برند و والدین نیز خوشحال‌اند و آرامش دارند.

در ادامه با مبحث هوش عاطفی آشنا می‌شویم تا بتوانیم به کودکانمان یاد دهیم که با شکست‌ها و مشکلات به‌عنوان یک فرصت برای پیدا کردن راه‌حل درست، روبرو شوند و یاد بگیرند به‌جای اینکه عصبانیت را با گریه و طغیان نشان دهند، به دنبال راه‌حل بگردند. سپس می‌آموزیم که چگونه یک والد کامل و یک فرزند دارای مغز کامل شویم. زمانی که بتوانیم کودکی با مغز کامل پرورش دهیم در آینده او می تواند به بهترین ها در هر زمینه ای دست یابد زیرا می تواند یاد بگیرد متمرکز باشد و از هوش و توانایی هایش به بهترین نحو استفاده کند و در آخر به مشکلات و راهکارهای معمول خوابیدن، خوردن و آموزش توالت می‌پردازیم. اینکه چرا برخی از کودکان نمی‌توانند خودشان بخوابند؟ چگونه و کی آن‌ها را از شیر بگیریم؟ چرا بدغذا می‌شوند؟ و یا چگونه و کی به آن‌ها آموزش توالت کردن دهیم؟

درست است که در سالهای ابتدایی مادر بیشتر با کودک در ارتباط است اما دانستن مطالب این کتاب، برای پدران به‌اندازه مادران مهم است. بهتر است در خانواده پدر و مادر هدف، راه و روش شان یکی باشد.

در این کتاب داستان‌ها و مثال‌هایی گفته‌شده است که اگرچه واقعی هستند اما تمام اسم‌های برده شده مستعار بوده و هیچ‌کدام اسم‌های واقعی نیستند.

فهرست

بخش اول: بسته‌ای حاوی خوشبختی.

- آمادگی قبل از آمدن بسته خوشبختی.
- واقعیت اما فانتزی نیست!
- چگونه بدانم؟
- همه‌چیز از عشق نشئت می‌گیرد.

بخش دوم: وارد دنیای شگفت‌انگیز کودک شویم.

- حس متعلق و مهم بودن.
- کارکرد مغز.
- این ناحیه در دست تعمیر است.
- خلق‌وخو.
- نوزاد خود را بشناسید.

بخش سوم: اقتدار مثبت.

- فرزند پروری بااقتدار مثبت چیست؟
- آجرهای ابتدایی پرورش.
- نیاز واقعی کودکان چیست.
- دل‌بستگی ایمن.
- کودک لوس نمی‌خواهم.

بخش چهارم: چگونه بااقتدار مثبت والدگری کنیم؟

- قدم‌به‌قدم پیاده‌سازی اقتدار مثبت.

۱- اتصال قبل از اصلاح.

۲- کودک را در بازی‌هایمان وارد کنیم.

۳- مامان و بابا من روال روزانه می‌خواهم.

۴- از جیب شلوارمان شوخ‌طبعی‌مان را درآوریم.

۵- به دنیای کودک خود سفر کنید.

۶- احترام، احترام می‌آورد.

۷- حرکتمان مانند راکت تنیس باشد.

۸- صبور بشویم.

۹- دهانمان را ببندیم و اقدام کنیم

۱۰- تفاوت‌ها را بپذیریم.

بخش پنجم: انگیزه سازی

- احساس شرم، عجز و شک.

- هنر انگیزه سازی.

تحسین یا تشویق.

بخش ششم: فرزند کامل با مغز کامل

- هماهنگی مغز بالا و پایین.

- هماهنگی مغز چپ و راست.

- خاطره سازی.

بخش هفتم: پرورش هوش عاطفی یا EQ

- ایده اولیه‌ی ایی-کیو یا هوش هیجانی.

- ایی-کیو برای سال اول زندگی.

- رشد هوش اجتماعی برای کودکان ۱ تا ۳ سال.

- آیا باید احساسات منفی را از کودکم پنهان کنم؟

- چگونه می‌توانم یک رهبر هوش عاطفی باشم؟

بخش هشتم: خوابیدن، خوردن، آموزش توالت

خوابیدن

- من خوابم نمی‌آید.
- نوزادان دوست دارند در حال مکیدن سینه مادر بخوابند.
- موفقیت در خوابیدن خودکار فرزندان.
- چگونه به خوابیدن راحت‌تر آن‌ها کمک کنیم.
- کارهای قبل از خواب.
- هشدارهای مهم.

خوردن

- تغذیه با شیر مادر.
- تغذیه شیر مادر با شیشه.
- تغذیه با شیر فورمولا.
- تغذیه با غذای جامد.
- گرفتن از شیر.

آموزش توالت

- زمان مناسب چه زمانی است؟
- نشانه‌های ظاهری.
- مشکلات روانی.
- امید و انگیزه سازی.

بخش نهم: سخن آخر

- باهم بزرگ شویم.
- اگر همسرمان با ما همراه نیست، چه کنیم؟

- با قلب والدگری کنیم

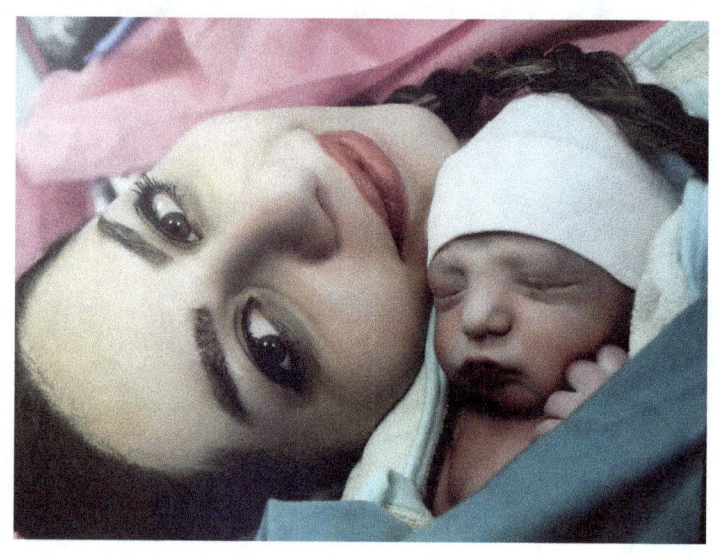

بخش اول

بسته ای حاوی خوشبختی

مادران و پدرانی که لحظه شگفت‌انگیز تولد فرزند را تجربه کرده‌اند، می‌دانند که آن لحظه یک لحظه‌ی بزرگ و فراموش‌نشدنی در زندگی است. (البته به‌غیراز مادرانی که شرایط زایمان غیرمعمولی و با دشواری داشتند)، بارها دوست داریم آن لحظه را برای خود یادآوری کنیم. برای آن دسته از مادران و پدرانی که مرتبه اول است بچه‌دار می‌شوند زمانی که این **بسته خوشبختی** را به خانه می‌برند، (منظورم از بسته خوشبختی نوزاد است.) احساس متفاوتی با آنچه در زمان بارداری منتظرش بودند، دارند. رؤیاپردازی‌های آن‌ها کمی با واقعیت فرق خواهد داشت و اکنون زندگی آن نوزاد به آن‌ها بستگی دارد. برنامه‌ریزی‌های زندگی همه تغییر می‌کند و کم‌خوابی‌ها شروع می‌شود برای مادران این مسئله همراه با تغییرات فیزیولوژی همراه است که به‌مراتب سخت‌تر است، مادرانی که شیر خود را می‌دهند که شرایط برایشان بسیار چالش‌انگیز است.

به‌هرحال چند ماه اول اگرچه که بسیار سخت، طولانی و خسته‌کننده است ولی زمانی می‌رسد که وقتی به عقب بازگردیم، نه‌تنها شب‌بیداری‌ها و سختی‌ها را به یاد نمی‌آوریم بلکه آرزو می‌کنیم به آن روزها برگردیم تا دوباره معصومیت نوزادی کودکمان را تجربه کنیم.

آمادگی قبل از آمدن بسته خوشبختی به خانه:

مادران و پدران در دوران انتظار، به تمام ملـزومات بچه فکر می‌کنند و سعی می‌کنند تا حد توانشان همه را تهیه کنند از انواع پستانک‌ها و شیشه شیرها بگیـر تا صندلی ماشین و کالسکه و گهـواره. از لباس‌های زیبا که دیگر کم نمی‌گذارند، هر بار که از خانه بیرون می‌روند، شده حتی یک جوراب خریده‌اند. در این برنامه مادربزرگ‌ها و پدربزرگ‌ها و عمه‌ها و خاله‌ها هم مشـارکت دارند. مادران هـزاران بار رؤیاپردازی می‌کنند و نوزادشان را با تمامی حالات تصور می‌کنند. بارها اتـاقش را می‌چینند و کفش‌هایی که خریده‌اند را بالباس‌های همرنگش، هماهنگ می‌کنند و نوزادشان را در آن لباس تصور می‌کنند.

نوزادان یکی از مصرفی‌ترین افراد جامعه هستند. بااینکه بسیاری از نوزادان بدون این لوازم بزرگ‌شده‌اند، اما ما والدین می‌خواهیم برای نوزادمان به‌اندازه توانمان و یا حتی گاهی بیشتر از توانمان، سنگ تمام بگذاریم.

این دوران فانتزی برای والدین با امید و رؤیاپردازی می‌گذرد.

واقعیت اما فانتزی نیست!

گاهی اوقات، زمانی که بسته خوشبختی حامل انسان را به خانه می‌آوریم، رؤیاهای ما ناگهان کم‌رنگ می‌شود و جایش را با شب‌بیداری‌ها، گریه‌ها بی‌وقفه، دل‌پیچه‌ها و زرد شدن بچه و یا کم کردن وزن می‌دهد. گاهی مادر باوجود این شرایط با افسـردگی پس از زایمان نیز روبرو می‌شود. دیگر دغدغـۀ مادر و پدر این می‌شود که چه کنند، نوزادشان دل‌پیچه نگیرد و یا دلیل گریه‌اش چیست. هزاران سؤال برای مادر پیش می‌آید که چه راهی درسـت است و چه راهی اشتباه! هرکسی از اطرافیان راهی را پیشنهـاد می‌دهد، همه تجربیاتشان را می‌گویند و بعضی پا را فراتر می‌گذارند و دخـالت می‌کنند.

یکی از مهم‌ترین نکاتی که بهتـر است بدانیم این است که زمان‌بندی‌های روزمره برای انجام کارهـا بعد تولد نوزاد، دیگر مانند قبل نخواهـد بود و بسیار نسبت به قبل متفـاوت می‌شود و نیاز به تخصیـص دادن زمان بیشتر به هر کاری داریم، به‌اصطلاح کارها به‌سرعت قبل پیـش نمی‌رود. به‌طور

مثال لحظه رفتن به بیرون خانه وقتی همه‌چیز مرتب به نظر می‌آید ممکن است نوزاد ما شیری که خورده است را برگرداند و مجبور شویم به خانه بازگردیم تا هم لباس او و هم لباس خودمان را عوض کنیم و یا کودک ۳ ساله شما در فروشگاه بزرگ شهر جلو قفسه اسباب‌بازی‌فروشی ایستاده و حاضر نیست تکان بخورد و ما نیاز به ۵ دقیقه زمان بیشتر داریم تا او را راضی کنیم. دریک روز شاید بارها از این ۵ دقیقه‌ها نیاز داشته باشیم؛ که مجموع آن‌ها باعث می‌شود زمانبدنی‌ها مانند قبل پیش نرود.

استرس‌هایی که بابت عقب افتادن از برنامه‌هایمان خواهیم داشت در کنار شب‌بیداری‌ها و ترس‌هایی که ممکن است از مسئولیت جدیدی که به عهده‌مان گذاشته‌شده، به ما والدین، این احساس را دهد که ما نمی‌توانیم از پس آن برآییم.

از طرف دیگر احساس لذت بردن از یک نوزاد که متعلق و وابسته به ماست، هم وجود دارد، احساس شیر دادن و برآوردن نیازهایش و احساس خوب آرامشی که خنده‌های در خلسه خوابش به ما می‌دهد هم وجود دارد که باعث می‌شود نگرانی‌های ما کاهش یابد.

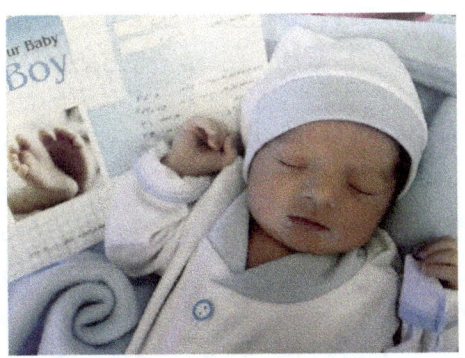

وقتی به دنیا اومدی

برای برنامه‌ریزی به اقدامات زیر توجه کنید:

- **بعضی از کارها را که قبل از به دنیا آمدن نوزاد، می‌توانیم انجام دهیم:**
می‌توانیم بسیاری از کارهای روزمره خانه را، قبل از به دنیا آمدن کودک، برای ۳ ماه انجام دهیم. به‌طور مثال می‌توانیم به‌اندازه سه ماه اول، خریدهایی که خراب‌شدنی نیست را انجام دهیم و یا اگر هر ماه مربا درست می‌کنیم، این دفعه برای ۳ ماه مربا درست کنیم که نیازی نباشد چند ماه اول به آن کارها بپردازیم. اگر تعمیراتی داریم آن را انجام دهیم. اگر قرار است هدیه تولدی بخریم آن را از قبل از زایمان کودکمان بخریم. با کم کردن بار کارها، در چند ماه اول وقت بیشتری برای استراحت و رسیدگی به نوزادمان داریم.

- **برای انجام بعضی از کارها از اطرافیانمان کمک بگیریم:**
یک مادر و پدر کامل همیشه در زمان نیاز به کمک دوستان و نزدیکانشان می‌شتابند، پس اکنون می‌توانند در چند ماه اول برای انجام بعضی از کارها از آن‌ها کمک بگیرند. لیست دوستانی که می‌توانند به ما کمک کنند را بنویسیم. به‌طور مثال می‌توانیم از خواهر خود خواهش کنیم که هفته‌ای دو ساعت نزد کودک ما بیاید تا ما به کلاس یوگا برویم و یا پیاده‌روی کنیم و یا از دوستی بخواهیم که برای ما هفته‌ای یک‌بار غذا درست کند و یا لباس‌ها را برایمان از خشک‌شویی بگیرد. از ساعاتی که دوستانمان آزاد هستند آگاهی پیدا کنیم که در صورت نیاز از آن‌ها کمک بگیریم.

- **قبل از تولد فرزندمان با همسرمان در تقسیم مسئولیت‌های خانه به تفاهم برسیم.** به‌طور مثال از همسرمان بخواهیم که خرید را در این سه ماه به عهده بگیرد و یا با او صحبت کنیم که برای یک وعده از شیر خوردن‌های شبانه نوزادمان بیدار شود و شیری که دوشیده‌ایم را با شیشه به نوزاد بدهد و یا بسیاری از کمک‌های دیگر.

برنامه‌ریزی کردن به ما کمک می‌کند که آرامش بیشتری داشته باشیم و هم بتوانیم با تمرکز بیشتر به فرزندمان بپردازیم و تغییرات را راحت‌تر بپذیریم.

باید آمادگی داشته باشیم و بدانیم که شرایط ممکن است همیشه بر وفق مراد ما نباشد، زمانی که نوزادمان گریه‌هایی می‌کند که نمی‌دانیم برای چیست، زمانی که مریض می‌شود و یا دل‌دردهای کولیک دارد. زمانی که واقعیت‌ها خودش را به ما نشان می‌دهد، زمانی که بین چه‌کاری درست

بخش اول – بسته‌ای حاوی خوشبختی

است و چه‌کاری اشتباه درمی‌مانیم، زمانی که دانش کافی به آنچه باید انجام دهیم، نداریم و یا به خاطر تفاوت نظرها بین زن و شوهر و یا حتی نزدیکانمان به شک می‌افتیم، استرس ما را فرامی‌گیرد و نمی‌دانیم چه کنیم و اعتمادبه‌نفس خود را ممکن است از دست بدهیم. برای اینکه این استرس‌ها و نگرانی‌ها در زندگی ما و فرزندمان تأثیر منفی نگذارد باید در درجه اول آگاهی خود را نسبت به کاری که انجام می‌دهیم زیاد کنیم، برنامه‌ریزی کنیم و این دانش و آمادگی به ما اعتمادبه‌نفس لازم را خواهد داد.

چگونه بدانیم؟ و این دانش را از کجا به دست آوریم؟

بعضی از ما شیوه فرزند پروری را از مادر و پدر خودآموخته‌ایم و آن شیوه را قبول داریم چون اعتقاد داریم که روش‌های آن‌ها کارایی داشته و ما تبدیل به آدم‌های موفقی شده‌ایم. از طرف دیگر، بسیاری از ما از روش‌های پرورشی والدین خود راضی نبوده‌ایم و می‌خواهیم راهی دیگر را برویم.

اما کدام راه بهتر است، اگر حتی جزء دسته اول باشم و شیوه والدین را شیوه موفقی بدانم اما آن شیوه متعلق به ۳۰ سال پیش بوده است و ممکن است در عصر حاضر کارایی نداشته باشد. پس چه راهی و چه شیوه‌ای صحیح است. اگر راه اشتباه بروم چه می‌شود؟

قبل از آنکه به این مهم بپردازیم بیاییم سؤالی از خود بپرسیم:

"من واقعاً برای فرزندم چه می‌خواهم؟"

وقتی کودک من بزرگ شد و روی پای خود ایستاد می‌خواهم چه شخصیتی و چه ویژگی‌هایی داشته باشد؟"

دست‌کم سه ویژگی بارز را بنویسید: (لطفاً از کلمات کلی، مانند خوشبخت استفاده نکنید)

۱- ....

۲- ....

۳- ....

شما ممکن است پارامترهای شخصیتی مانند با عزت‌نفس بودن، متکی‌به‌خود بودن، مسئولیت‌پذیری، شجاعت، صداقت، شفقت داشتن، انعطاف‌پذیری و یا انگیزه داشتن را انتخاب کنید. البته بسیاری از دوستان در درجه اول خوشحالی و آرامش را برای فرزندانشان آنرزو می‌کنند. خوب است که بدانیم شادی و آرامش و حتی احساس رضایت، پارامتر شخصیتی نیستد بلکه احساس‌هایی است که درنتیجه بسیاری کامیابی‌ها حاصل می‌شود، دستیابی به این کامیابی‌ها نیازمند دارا بودن توانمندی‌های فردی و اجتماعی است؛ اما موضوع مهم این است که از همان لحظه تولدِ فرزندمان، تصمیمی که ما می‌گیریم که چگونه فرزندی پرورش دهیم، حتماً چگونگی آینده او را رقم خواهد زد. هر اقدام کوچک یا بزرگ از یک پشت‌دستی کوچک، زمان برداشتن جسم شکستنی تا چگونه حالات روحی ما، زمان شیر دادن و یا حتی نوع نگاه و لحن صدای ما می‌تواند آن شخصیت‌های رفتاری که برای فرزندمان آرزو داریم را در او نهادینه کند و یا کاملاً بی‌اثر کند.

زمانی که با ابزارهای پرورشی آشنا می‌شویم شاید این احساس را داشته باشیم که تاکنون اشتباهات بی‌شماری کرده‌ایم و با خود می‌گوییم: **" نکند اشتباهات من در رفتار با کودکم باعث تباه شدن آینده او بشود "** در درجه اول بگوییم که این احساس طبیعی است اما احساس گناه اصلاً خوب نیست بااحساس گناه به‌هیچ‌وجه نمی‌توانیم تصمیم درستی بگیریم و در درجه دوم بچه‌ها از ما یاد می‌گیرند، زمانی که ما اشتباهاتمان را فرصتی برای یادگیری می‌بینیم و راه جدیدی می‌یابیم که ارتباط بهتری با فرزندانمان داشته باشیم، آن‌ها نیز از ما یاد می‌گیرند که بجای احساس گناه بعد از هر اشتباه، آن اشتباه را فرصتی برای پیدا کردن راه بهتر بدانند.

بخش اول – بسته‌ای حاوی خوشبختی

شیوه و متد فرزند پروری خود را انتخاب کنید و به خودتان اعتماد کنید:

کتاب‌ها و سیستم‌های فرزند پروری متفاوتی در دنیا وجود دارد و با توجه به پیشرفت علم روانشناسی و رفتارشناسی که روزبه‌روز در حال پیشرفت است. یکی از مطمئن‌ترین و جدیدترین شیوه‌ها اکنون در دستان شماست.

دانستن ابزارهای جدید کافی نیست!

مادر و پدری که بهترین متدها را می‌دانند اما در پیاده‌سازی آن اعتماد و اطمینان به خودش ندارند از مادر و پدری که شیوه‌های قدیمی را بکار می‌برند اما به خود و روش خود مطمئن‌اند موفق‌تر نیستند.

عواملی که به ما کمک می‌کنند که بتوانیم به کاری که انجام می‌دهیم مطمئن باشیم در ۳ گام خلاصه می‌شود:

گام اول – دلیل کافی

یکی از علت‌هایی که در صفحه ۲۸ این بخش از شما خواستم تا ۳ الگوی شخصیتی را برای فرزندتان برشمارید، داشتن دلیل و هدف کافی برای انتخاب راه و روش فرزند پروری صحیح بود. مادر و پدری که تصمیم می‌گیرند فرزندی موفق پرورش دهند، دلیل کافی در یادگیری و به‌کارگیری روش‌های پرورشی دارند.

گام دوم – کسب دانش کافی

دومین گام افزایش اعتمادبه‌نفس در پدرها و مادرها، کسب دانش است. دانش درباره الگوهای رفتاری و شناخت درونِ کودک. همچنین زمانی که روش و ابزاری را می‌آموزیم، بسیار مهم است که دلیل انجام آن را نیز بدانیم. دانستن دلیل هر کار، نه‌تنها باعث افزایش اعتماد به کاری که می‌کنیم می‌شود، بلکه باعث می‌شود آن ابزار را بهتر بکار بگیریم. در این کتاب برای هر ابزار دلیل انجام آن نیز آمده است.

وقتی به دنیا اومدی

گام سوم – تمرین و پیگیری.

موفقیت تنها در یادگیری نیست، روزها در صفحات اینستاگرام می‌بینم که مادران و پدران چه جملات زیبایی درباره فرزندانشان و روابطشان با آن‌ها می‌نویسند اما آیا آن را به کار می‌گیرند. دانش به‌تنهایی کافی نیست و بکار گیری آن می‌تواند تغییرات را باعث شود. به همین دلیل برای اینکه به شما کمک کنیم که آنچه می‌آموزید را بکار بگیرید، تمرین کنید و آن‌قدر پیگیری کنید که انجام آن متدها برایتان به‌صورت عادت دربیاید، یک کتابچه به نام **کیانا**[1] برای کتاب **وقتی به دنیا اومدی** با این کتاب عرضه می‌شود که می‌توانید تهیه کنید تا شما را در هدفی که دارید یاری دهد.

همه‌چیز از عشق نشئت می‌گیرد.

ما فرزندانمان را دوست داریم و می‌خواهیم امن و خوب زندگی کنند، برای همین منظور، گاهی سعی داریم آن‌ها را نجات دهیم و یا از آن‌ها بیشتر از اندازه محافظت کنیم اما فرصت تجربه کردن را از آن‌ها می‌گیریم. اگر در مهمانی زیاد می‌دوند و بالا و پایین می‌پرند، چون دوستشان داریم و نمی‌خواهیم کسی فکری درباره آن‌ها بکند و یا حرفی به آن‌ها بزند، آن‌ها را مجبور می‌کنیم که باادب حرف بزنند و دعوایشان می‌کنیم که بازی نکنند و بنشینند. آن‌ها را دوست داریم و چون نمی‌خواهیم طعم اشتباه را بچشند ما بجای آن‌ها تصمیم می‌گیریم.

اما در این کتاب باهم یاد می‌گیریم که یک روش دائمی و خوب برای فرزندم به نام عشق پیدا کنم؛ که او را توانمند کند و برای تصمیم‌گیری‌هایش روی پای خودش بایستد. یک عشق اصیل، آن است که مادران و پدران همواره برای فرزندانشان حدومرزهای هوشمندانه بگذارند که " **نه** " را زمانی که نیاز است بگویید و کمکشان کنند که تجربیات زیادی کسب کنند.

---

[1] کتابچه یادداشت احساسات، نظریات و اقدامات

بخش اول – بسته ای حاوی خوشبختی

شما مادران و پدرانی که عاشـق فرزندنتان هستید، با اهمیت دادن به وجود خودتان، به او درس احترام و عشق می‌دهید. شما مادران و پدرانی که به‌ظاهر خودتان اهمیـت می‌دهید، کتاب می‌خوانید، ارتباط اجتماعی برقرار می‌کنید، از فعالیت‌های روزمره لذت می‌برید، ورزش می کنید، به همسرتان عشق می‌ورزید و به نیازهای فرزندانتان و همسرتان احـترام می‌گذارید، اولین درس عزت‌نفس را به فرزنـدتان یاد می‌دهید. تعـادل در ابراز عشق کمک می‌کند که فرزندمان معـنای "ما" را به‌خوبی بیاموزد.

بهترین شیوه برای پرورش یک کودک موفق:

بهترین راه برای اقدام و پیاده سازی شیوه های مدرن و کارآمد فرزندپروری اقدام و یادداشت است. زمانی که مطلبی را می خوانیم و تنها در مغز خود آنرا نگه می داریم، اما ذهن بسیار سرکش و همینطور خلاق است و سعی می کند، همه چیز را تغییر دهد.

پیشنهاد انسانهای بزرگ دنیا مانند **بنجامین فرانکلین**[1]، **بیل گیتس**[2] **و برایان تریسی**[3] و بسیاری از بزرگان دیگر این است که نوشتن و تبدیل آنچه در ذهن است به کلمات، ذهن مارا به سمت

---

[1] Benjamin Franklin
[2] Bill Gates
[3] Brian Tracy

استفاده از خلاقیت و برنامه ریزی و تصمیم گیری از روی منطق هدایت می کند و اما به قسمت سرکش ذهن نیز اجازه نمی دهد که در روند رشدمان دخالتی کند. بزرگان تاریخ بسیاری از موفقیت هایشان را به دلیل نوشتن افکار و اقداماتشان و مرور ، مطالعه و بررسی آن نوشته ها می دانند.

برای این منظور کتابچه ای برای شما همراه با کتابی که در دست دارید طراحی شده است، نام این کتابچه، **کیانا** می باشد که خلاصه نام **"کتابچه یادداشت احساسات، نظرات و اقدامات "** می باشد، این کتابچه به شما کمک می کند که بعد از خواندن هر بخش، به آن مراجعه کنید و نظرات خود را بنویسید. عمیقاً به موضوع بحث شده فکر کنید و خاطرات کودکی خود را نیز می توانید بنویسید در کنار خاطراتی که با کودک خود دارید. **کیانا** به شما کمک می کند که اقدامات خود را برای بکارگیری، راهکارهای کتاب نیز بنویسید و نتایجی که دریافت می کنید را نیز یادداشت کنید.

زمان کودکی و نوزادی خود را به یاد می آورید؟ مطمئناً بسیاری از خاطرات یا وجود ندارد ویا فراموش شده اند. آیا دوست داشتید یک کتابچه خاطرات داشتید که در آن نوشته شده بود، چگونه بزرگ شدید و مادر و پدر شما چه احساسی در هر لحظه داشتند و یا چه اقداماتی برای شما انجام دادند. مطمعناً بسیاری از ما از خواندن این جزئیات لذت می بردیم. حال بیاییم این گنجینه با ارزش را برای کودک خود و برای آینده خود تهیه کنیم.

بخش اول – بسته‌ای حاوی خوشبختی

خلاصه آنچه در این بخش آموختیم:

- زمانی که هنوز باردار هستیم، زمان رؤیاپردازی است. در کنار فراهم آوردن وسایل و مایحتاج کودک، این زمان بهترین زمان برای فراگیری راه‌های فرزند پروری بااقتدار مثبت و مجهز کردن خود به ابزارهای مدرن پرورش کودک است.

- سال اول روال‌های زندگی تغییر می‌کند. برای این منظور کارهایی که انجام آن‌ها در یک سال اول زندگی کودکمان ضروری نیست را لیست کنیم. از کسانی که می‌توانند در انجام کارها به ما کمک کنند، یاری بگیریم. با همسرمان در مورد چگونگی همکاری‌اش صحبت کنیم.

- اینکه چه هدفی در آینده برای شکوفایی فرزندم دارم، بسیار مهم است.

تمرین‌های بخش اول:

برای انجام تمرینات، کتابچه ای به نام کیانا برای نوشتن حالات کودک خود همراه این کتاب آمده است، از کیانا در فصل‌های بعدی هم استفاده خواهیم کرد.

اگر کیانا را همراه با کتاب را تهیه نکرده‌اید

می‌توانید از وب‌سایت تهیه کنید:

(در بخش محصولات، قسمت کتاب و کیانا برای کتاب وقتی به دنیا اومدی)

- همان‌گونه که لیست لوازم موردنیاز فرزندمان را تهیه می‌کنیم، لیست اقداماتی که در جهت رشد شخصیت او قرار است انجام دهید را تهیه کنید و در کیانا[1] بنویسد:

مثال: هرماه در یک سمینار و یا کلاس آموزشی شرکت می‌کنم و ماهی یک کتاب می‌خوانم و یا یک برنامه آموزش آنلاین تهیه می‌کنم مانند **فرزند موفق + والدین خوشحال**

- لیست کارهای ضروری و غیرضروری خانه را بنویسید، غیر ضروری‌ها آن‌هایی هستند که می‌توانیم به مدت ۲ یا ۳ سال آن را انجام ندهیم و یا انجامش را به کسی دیگر واگذار کنیم.

مثال: من هر ۶ ماه یک‌بار ترشی درست می‌کنم اکنون‌که نوزاد کوچکی دارم تصمیم می‌گیرم به مدت ۳ سال ترشی درست نکنم و یا خورشت سبزی آماده بخرم.

- لیست کمک‌هایی که از اقوام و آشنایان می‌توانیم بگیریم را بنویسم. (یک مادر کامل همیشه زمانی که هنوز مادر نشده به دوستانش در زمینه‌های مختلف کمک می‌کند و اکنون می‌تواند برای بعضی از کارهای کوچک از آن‌ها کمک بطلبد.)

مثال: می‌توانم از مادرم بخواهم که هفته‌ای یک‌بار از فرزند من مراقبت کند تا من به کلاس یوگا بروم با از دوستم خواهش کنم هر بار برای خود، ترشی درست می‌کند یک شیشه هم به من بدهد.

---

[1] کتابچه یادداشت احساسات، نظریات و اقدامات

بخش اول – بسته ای حاوی خوشبختی

یادداشت ‒ ‒ ‒ ‒ ‒ ‒ ‒ ‒ ‒ ‒ ‒ ‒ ‒ ‒ ‒

YAMAHA

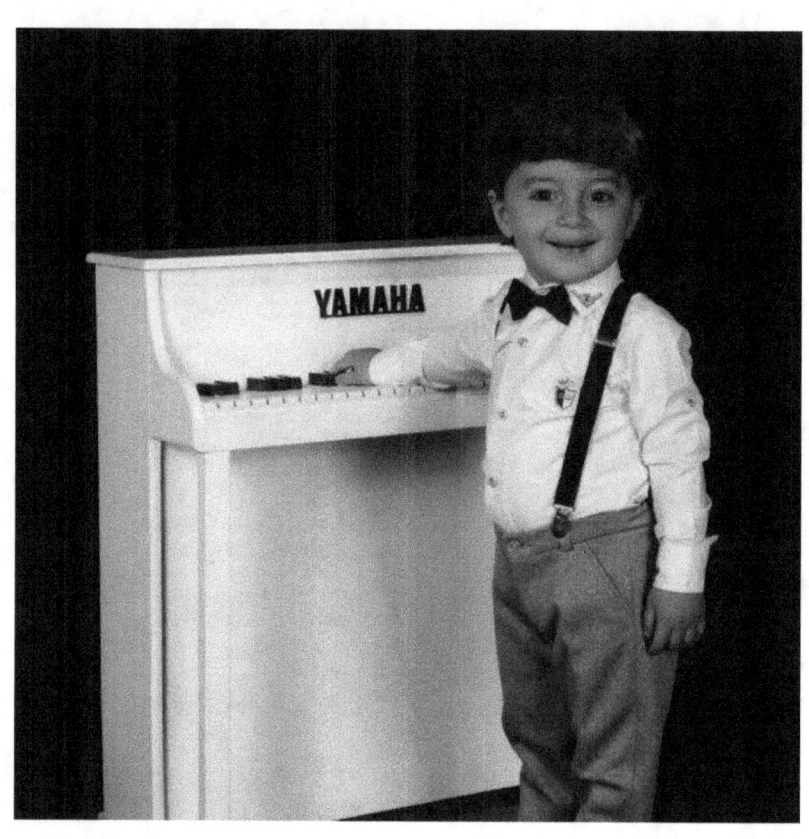

بخش دوم

وارد دنیای شگفت انگیز کودک شویم

نوزادِ تازه متولدشده به دنیایی وارد می‌شود که با دنیـای قبلی، بسیار مـتفاوت است. در دنیای قبلی همه‌چیز متعادل بود، یک گهواره گرم، نرم و راحت که تنها صدا، صدای آرامش‌بخش و گوش‌نواز قلب مادر بود و تمام احتیاجات بی‌درنگ حتی قبل از اینکه نیاز آن‌ها پیش بیاید برطرف می‌شد. او در آن دنیا تنها بود و حتی صدای قلب و شکم مادر را قسمتی از خود فرض می‌کرد. ناگهان پا به دنیایی متفاوت می‌گذارد، خودش را در دنیایی از سرما و گرما می‌بیند، در دنیای صداهای بلند و اشـیائی که تکان می‌خورند، در دنیایی که بسیار روشـن است و صورت‌ها و صداها می‌آیند و می‌روند. نمی‌داند آیا این دنیا و آدم‌هایش با او یکی هستند یا نـه، تمام آرامش و راحتی‌اش به‌یک‌باره به هم می‌خورد. حال بایـد برای غذا گریه‌ها کـند، چون مانند قبل نیازها به‌خودی‌خود برآورده نمی‌شوند اما اکنون او به دنبال راه‌های تازه می‌گردد تا بتواند نیازهایش را عنوان کند و خود را با دنیای اطرافش وفـق دهد. نوزاد ما بسیار علاقه‌مند به یادگیری است و قبل از اینکه زبان دهان را بیاموزد، زبان احساسات را یاد می‌گیرد.

نوزادان زمانی که به دنیا می‌آیند، به هوای سالم برای تنفس، به شیر برای سیر شدن، به‌جای امن، گرم و راحت برای خوابیدن نیاز دارند، این مواردی است که از دیرباز تمام انسان‌ها، حتی انسان‌های اولیه به آن پی برده‌اند؛ اما در دنیای امروز ثابت‌شده است که انسان‌ها فقط به دنبال رسیدن به این

نیازها نیستند. کودکان زمانی که شروع به شناخت دنیای خود می‌کنند، دقیقاً مانند غذا، نیازمندی‌های دیگری نیز دارند. این نیازها به‌طور مشترک در بین همه انسان‌ها وجود دارد.

- حس نیاز به تعلق داشتن و مهم بودن

آلفرد آدلر[1] از روانشناسان بنام اتریشی بود، نظریه علایق اجتماعی او و همکارانش به نام **تئوری آدلِرین**[2] به دو نیاز بسیار مهم انسانی اشاره می‌کند و می‌گوید انسان‌ها برای برآورده شدن این دو نیاز به دنیا می‌آیند:

۱- احساس تعلق
۲- احساس مثمر ثمر، خاص و مهم بودن

احساس تعلق و یا احساس پذیرفته شدن به‌عنوان یک عضو. این همان احساسی است که همه ما انسان‌ها در ارتباط‌هایمان دوست داریم، متعلق به گروه‌های مختلف باشیم از خانواده گرفته تا کار، دوستان و حتی عضویت‌های مختلف.
کودکان ما نیز به دنبال این هستند که در ابتدا به جامعه کوچک مادر و پدر و سپس به دسته‌های بزرگ‌تر تعلق داشته باشند و هویت‌سازی کنند. عضو بودن در یک خانواده، فامیل، دوستان، کلاس، مدرسه، گروه کاری، گروه ورزشی، حتی عضویت در باشگاه مشتریان برای هر انسان این احساس تعلق داشتن را ارضاء می‌کند. شرکت بزرگ‌های بزرگ دنیا، از
این واقعیت که احساس تعلق که یکی از نیازهای بزرگ بشر است، برای رسیدن به اهدافشان به‌خوبی استفاده می‌کنند و از این شیوه با به وجود آوردن باشگاه‌های عضویت، مشتریان بیشتر جذب می‌کنند و حال ما به‌عنوان پدر و مادر با درک این نیاز از سمت نوزادمان می‌توانیم بفهمیم که کجا و کدام رفتارش جهت دستیابی به احساس متعلق بودن است و یا اینکه چه کنیم که این نیاز انسانی او برآورده شود.

---

1 Alfred Adler
2 Adlerian Theory is based on psychologist Alfred Adler

بخش دوم – وارد دنیای شگفت انگیز کودک شویم

احساس مهم، خاص و مثمر ثمر بودن، این نیاز، از نیازهای بسیار بنیادینی است که هر انسان از بدو تولد به دنبال دستیابی به آن است، کودک برای رسیدن به احساس مهم بودن با حرف ما مخالفت می‌کند و یا با خواهر و برادرش می‌جنگد، به دنبال این است که **جایگاهی** در خانه داشته باشد که متعلق به فرد دیگری نیست، کارهایی بتواند انجام دهد که هیچ‌کس دیگر نمی‌تواند انجام دهد و می‌خواهد تصمیماتش فقط مخصوص او باشد. اگر به‌اندازه کافی این احساس نیاز در او پر نشود شروع به طغیان، گریه، لجبازی و خرابکاری می‌کند و دلیل بسیاری از رفتارهای کودک نو پا، رسیدن به دو احساس است. رسیدن به این دو احساس به کودک ما انگیـزه زندگی می‌دهد و باعث شادکامی و سـلامت او می‌شود حال ما با دانسـتـن این دو نیاز مهم، چگونه می‌توانیم به پرورش کودکمان کمک کنیم؟

گام اول: سؤالات مؤثر

پرسیدن سؤالات بسیار مؤثر از خود، به‌جای سؤالاتی که تأثیر کوتاه‌مدت دارند، (در فصل‌های آینده بیشتر در مورد قدرت سؤالات صحبت خواهیم کرد):

سؤالات غیر مؤثر بسیاری از والدین معمولاً این‌گونه است:

- من چه کنم که فرزندم به من و حرف من توجه کند؟
- چطور کلمه "نه" را به او یاد بدهم؟
- چگونه وقتی به مهمانی می رویم، او آرام بنشیند و همه جا را بهم نریزد؟
- چه کنم که چیزی پرت نکند؟
- چه کنم که زود حرف بزند؟
- چه کنم که کمتر گریه کند؟

اما سؤالات بسیار مؤثر و بلندمدت این‌گونه هستند:

- من چگونه می‌توانم به کودکم کمک کنم که احترام، همکاری و مهارت حل مسئله را پیدا کند؟
- چگونه می‌توانم به کودکم کمک کنم که احساس مهم بودن و متعلق بودن را داشته باشد؟

- *چگونه می‌توانم به کودکـم کمک کنم که توانمند باشد؟*
- *چگونه می‌توانم به دنیای او وارد شـــوم و او را بفهـمم؟*
- *چگونه مشکلات را یک فرصـــت برای یادگیری ببینم؟*

متوجه شدیم که رسیدن به جواب‌های طولانی‌مدت باعث می‌شود سؤالات کوتاه‌مدت ما نیز خودبه‌خود به جواب برسد.
در کیانای خود لیستی از سؤالات مؤثر بنویسید.

گام دوم: شناخت واحد فرماندهی کودک

پانیذ کلید ماشین را برداشته بود و آن را به مادر نمی‌داد، بااینکه پانیذ کوچولوی ۱ و نیم ساله عاشق بیرون رفتن با ماشین بود و مادر هم آماده بیرون رفتن بود چون باید به مدرسه و به دنبال خواهر بزرگ پانیذ می‌رفت و بااینکه مادر می‌خواست پانیذ را با خودش ببرد اما هر کاری می‌کرد که او را راضی کند، کلید را به مادر بدهد، او فقط گریه می‌کرد و فریاد می‌زد و کلید را در دستش محکم گرفته بود. مادر هـم تلاش می‌کرد که کلید را از دست‌هایش به‌زور دربیاورد، اگر زودتر بیرون نمی‌رفت دیرش می‌شد.
مادر تـلاش می‌کرد با منطق به او توضیـح دهد که دیر شده و اگر او کلـید را به مادر بدهد، می‌توانند هر دو بیرون برونـد، اما او کلید را در دسـتان کوچکش محکم گرفته بود و نمی‌داد. مادر مجبور بود از راه باج دادن پیش برود و گفت: " ***بعدازاینکه خواهرت را از مدرسه برداشتیم بستنی می‌خوریم*** *" اما آن‌هم سازگار نبود، مادر حسابی کلافه شد و به زود کلید را از پانیذ گرفت او را دعوا کرد و درحالی‌که پانیذ گریه می‌کرد و مادر زیر لب نق می‌زد و کلافه بود، پانیذ را در صندلی نشاند، کمربندش را بست و به سمت کلاس خواهر پانیذ رفت و در راه پانیذ در حال گریه بود.*

آیا این صحنه برای شما آشنا نیسـت و برای بسیاری از ما مشابه این اتفاق می‌افتد و مادر در ذهن خود می‌گوید که پانیذ عاشق بیرون رفتن با ماشیـن است، چرا به من گوش نمی‌دهد؟ هر چه برایش توضیح می‌دهم انگار من را نمی‌شنود؟
برای پاسخ‌گویی به سؤالاتی شبیه این‌ها، بهتر است ابتدا با کارکرد مغز آشنا شویم.

بخش دوم - وارد دنیای شگفت انگیز کودک شویم

- کارکرد مغز

مرکز فرماندهی مغز پانیذ، قسمت منطقی مغز او نیست. بلکه احساسات اوست که فرمان می‌دهد. درواقع قسمت منطقی مغز او هنوز کاملاً شکل نگرفته است.

با آشنایی با کارکرد مغز، در کودکان زیر سه سال نه‌تنها می‌توانیم با آن‌ها بهتر ارتباط برقرار کنیم و اتفاقی که برای مادر پانیذ افتاد را بهتر مدیریت کنیم بلکه می‌توانیم کمک کنیم قسمت‌های مختلف مغز کودکمان به بهترین حالت ممکنه توسعه پیدا کنند و هماهنگ کار کنند.

مغز پیچیده‌ترین یافته ایست که بشر با آن روبروست و هنوز به‌طور کامل نتوانسته در مورد همه قسمت‌های آن بداند، اما دانشمندان به یافته‌های بسیار باارزشی دست پیداکرده‌اند که نشان می‌دهد هر قسمت مغز چگونه کار می‌کند. برای سادگی ما مغز به دو قسمت بالا و پایین دسته‌بندی می‌کنیم.

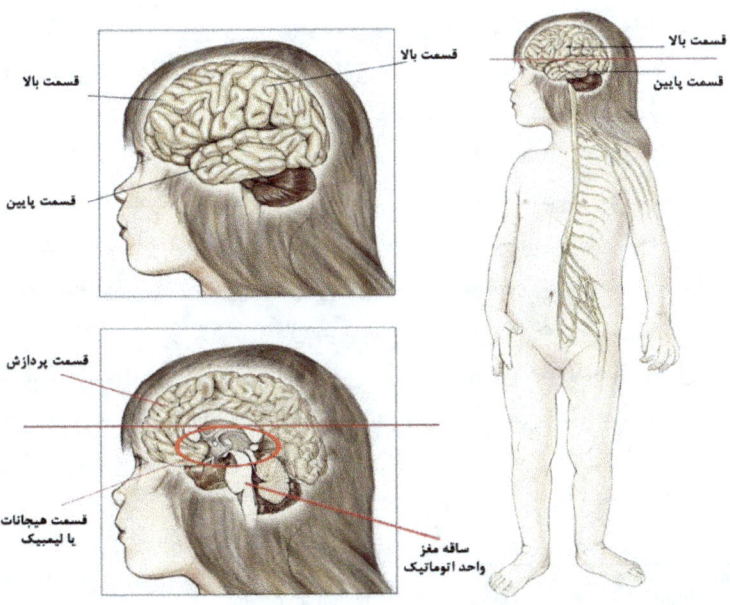

۴۳

همان‌گونه که در شکل می‌بینید، قسمت بالای مغز یا همان **کورتکس**[1] بخش پردازش، تصمیم‌گیری و برنامه‌ریزی است. قسمت پایین مغز (در بعضی از کتب این بخش را بخش میانی می‌گویید) خود از دو بخش تشکیل‌شده، **بخش لیمبیک**[2] که با یک دایره قرمزرنگ مشخص شده است، واحد واکنش‌ها و فرمان‌های سریع عاطفی و هیجانی مانند ترس است و بخش دوم که **ساقه مغز** است و مرکز فعالیت‌های خودکار بدن مثل تنفس است.

طبقه پایین مغز از زمان تولد شروع به فعالیت می‌کند، این قسمت تا سه‌سالگی به رشد کامل می‌رسد و به‌طور کامل مورد استفاده قرار می‌گیرد. بخشی از قسمت پردازش مغز (طبقه بالا) و حافظه از بدو تولد شروع به رشد می‌کند و بخش دیگر آن از سه‌سالگی شروع به رشد می‌کند.

بخش لیمبیک و یا قسمتی که با دایره قرمز رنگ مشخص‌شده است، در بخش پایینی مغز است، مهم‌ترین و کلیدی‌ترین قسمت مغز است. زمانی که پانیذ در داستان بالا تصمیم گرفته بود کلید را به مادر ندهد، این بخش یعنی واحد هیجانات مغز در حال تصمیم‌گیری و فرمان دادن بود. مغز هیجانی کودک اطلاعات بیرون را با حواس پنج‌گانه دریافت می‌کند و چون واحد پردازش (مغز بالایی هنوز کامل نشده است) قبل از اینکه معانی کلمات را بررسی و پردازش کند، به لحن مادر و زبان بدن مادر توجه می‌کند و پانیذ قبل از اینکه بداند او هم قرار است با مادر بیرون برود، از زبان بدن مادر و اینکه مادر فقط مانتو خودش را پوشیده بود و لباس پانیذ را عوض نکرده بود، به این ادراک رسیده بود که مادر می‌خواهد تنهایی بیرون برود و مرکز هیجاناتش در حالت دفاعی قرارگرفته بود این باعث شده بود او کلید ماشین را در دستانش محکم بگیرد، فریاد بزند و گریه کند. این همان قسمتی است که زمانی که احساس خطر می‌کنیم تمام ماهیچه‌های بدن را آماده واکنش می‌کند. این قسمت بسیار سریع در کودکان فعال می‌شود، کودک یک‌ساله به‌خوبی می‌تواند از زبان بدن والدینش درک کند که آن‌ها با او هم‌دردی می‌کنند و یا نگران او هستند. مغز او قبل از اینکه به حرف‌های مادر گوش کند، حالت استرس دار و زبان بدن مادر را می‌بیند و قسمت هیجانی مغزش به او می‌گویید حالت دفاعی بگیرد.

---

[1] - The cerebrum or **cortex** is the largest part of the human **brain**.
[2] - The limbic system is the portion of the brain that deals with three key functions: emotions, memories and arousal (or stimulation).

- این ناحیه در دست تعمیر است:

به‌تازگی دانشمندان کشف کرده‌اند که واحد منطقی مغز تا ۲۵ سالگی به رشد کامل خود نمی‌رسد و این نشان می‌دهد که چرا پانیذ یک‌ساله و نیمه را نمی‌توان در ابتدا با منطق راضی کرد که کلید ماشین را به مادر بدهد. او و هیجانات مغزی‌اش او را وامی‌دارد که این‌گونه رفتار کند.

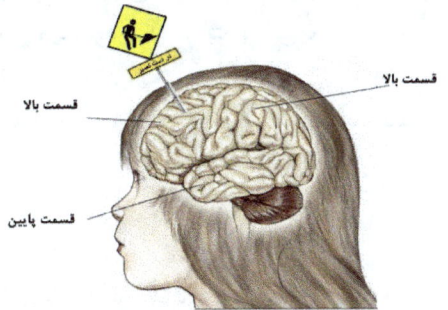

زمانی که مادران و پدران شکایت می‌کنند از اینکه چرا فرزندانشان از روی عقل و منطق تصمیم‌گیری نمی‌کنند، همواره باید بدانند که قسمت بسیار عمده مغز آن‌ها، یعنی واحد پردازش یا کورتکس حدوداً تا ۲۵ سالگی کامل می‌شود و دلیل وجود والدین به‌عنوان راهنما اما نه نصیحت کننده و نه تصمیم‌گیرنده، هم همین است.

مادامی‌که والدین خود را صاحب فرزندان بدانند و خود به‌جای آن‌ها تصمیم بگیرند و بابت اشتباهاتشان، آن‌ها را سرزنش کنند، اجازه رشد و شکوفایی کافی به مغز فرزندانشان نمی‌دهند؛ اما والدین هوشیاری که اجازه می‌دهند فرزندانشان تجربه‌های کافی کسب کند و بجای نصیحت، سؤال می‌پرسند و بجای سرزنش، همدردی می‌کنند و اشتباهات را یک فرصت برای یادگیری می‌بینند، **والدین کاملی هستند که فرزندانی با مغز کامل پرورش می‌دهند.**

زمانی که فرزند ما یک توقع غیر منطقی دارد و ما به او می‌گوییم که نمی‌شود، مانند زمانی که پانیذ کلید ماشین را برداشته بود و یا زمانی که کودک سه‌ساله ما برای اینکه از تاب پیاده نشود گریه می‌کند، قسمت پایین مغز و یا قسمت هیجانات در حال فرمان دادن است و ما برای برقراری ارتباط با او معمولاً می‌خواهیم با کلمات منطقی او را قانع کنیم به‌طور مثال مادر پانیذ به او می‌گویید: **"زود کلید را به من بده، چون دیر می‌شود "** و یا به کودکمان که از تاب پایین نمی‌آید می‌گوییم: **"بچه‌ها منتظرند و باید پایین بیایی ".**

بر اثر دو اتفاق زیر آن‌ها شروع به گریه می‌کنند و یا به ما گوش نمی‌کنند.

۱- انسان‌ها می‌خواهند تصمیم‌گیری‌ها به عهده خودشان باشد، زمانی که کسی آن‌ها را مجبور به انتخابی می‌کند و یا برایشان تصمیمی می‌گیرد، معمولاً بدون رجوع به منطق حالت دفاعی می‌گیرند، نیاز به **احساس مهم بودن** که در ابتدای این بخش درباره آن صحبت کردیم، یکی از دلایلی این خواست انسان‌ها و کودکان است.
۲- فرماندهی مغز بچه‌ها، مخصوصاً بچه‌های زیر ۳ سال به دست قسمت پایینی مغز یعنی بخش هیجانی مغز است اما ما با زبان بالای مغز یعنی منطق او با او حرف می‌زنیم که قدرت کمی برای انتخاب رفتارها دارد.

چه کنیم که فرزندانمان به ما گوش کنند؟

برای رفتن به طبقه بالای خانه باید ابتدا از طبقه پایین و از درب ورود، وارد شویم و با پیدا کردن راه‌پله به طبقه بالا برویم. برای ارتباط گرفتن با طبقه بالای مغز فرزندمان نیز باید ابتدا طبقه پایین مغز و درب ورود را پیدا کنیم طبقه پایین مغز او همان زبان هیجانات است.

مادر کودکی که از تاب پایین نمی‌آید می‌تواند در درجه اول بجای قیافه مضطرب و یا صورت که حالت دستوری دارد، به‌صورت خود حالت دلسوزی و همدردی بدهد و به او بگویید: **"تو**

حتماً از اینکه باید از تاب پایین بیایی ناراحت هستی؟ این‌طور نیست؟ می‌توانم درک کنم آنجا چقدر به تو خوش می‌گذشت! کاش می‌شد بیشتر تاب بخوری!

بچه‌های دیگر هم مثل تو تاب را دوست دارند! ببین منتظر مانده‌اند! می‌خواهی الان کمی باهم سرسره بازی کنیم؟ یا می‌خواهی بستنی بخوریم "

بخش دوم - وارد دنیای شگفت انگیز کودک شویم

نکته‌ها: مادر در اینجا با زبان قسمت هیجانی مغز صحبت می‌کند، با زبان احساسات (در بخش هوش هیجانی بیشتر به این روش می‌پردازیم) در مورد احساس ناراحتی فرزندش و با او همدردی می‌کند، ابتدا زبان بدنش را با جملاتش هماهنگ می‌کند و بعد احساس همدلی با بچه‌های دیگر را به او آموزش می‌دهد و مانند بعضی از والدین به او رشوه بستنی نمی‌دهد، بلکه فقط یادآوری می‌کند که بستنی هم در برنامه امروز داریم تا امیدوارش کند و او را با فعالیت‌های دیگر آشنا می‌کند و از او می‌خواهد که تصمیم‌گیری را به عهده بگیرد.

در داستان ابتدایی این بخش، برای ارتباط بهتر، مادر پانیذ می‌تواند در مقابل فرزندش بنشیند و در چشمان او نگاه کند و با صورتی که آرام و همدلانه است، بگوید:" اکنون دوست داری چه کنیم؟ این کلید را برای چه در دست داری؟ به نظر می‌رسد دوست داری به گردش برویم؟ می‌خواهی خودت درب ماشین را کمک من بازکنی؟ کلید را به کمک من در جایی که کلید را قرار می‌دهند می‌گذاری؟"

نکته‌ها: در اینجا مادر پانیذ ابتدا با زبان قسمت هیجانی با او ارتباط می‌گیرد و وقتی می‌نشیند و خود را با فرزندش هم‌سطح می‌کند به او این احساس را می‌دهد که او را درک می‌کند و زبان بدنش را با کلماتش هماهنگ می‌کند، در این صورت کودک آرام می‌شود و سپس با پرسیدن سؤالات، مغز بالایی او را به همکاری و تفکر وامی‌دارد. با دادن مسئولیت به فرزند، نیاز او را به مهم بودن برآورده می‌کند.

حافظه

بهترین مثالی که من برای شناخت مغز و شکل‌گیری حافظه می‌توانم به آن اشاره‌کنم فیلم انیمیشن (از درون به بیرون و یا سرنشینان)[1] است. در این فیلم نوع شکل‌گیری حافظه و اینکه حافظه تا چه حد کنترل مغز کودک را به عهده دارد، به‌خوبی به نمایش گذاشته‌شده است.

کامل شدن حافظه بلندمدت در حدود سه‌سالگی اتفاق می‌افتد. البته بسته‌های حافظه از همان لحظه تولد شروع به درست شدن می‌کنند بااینکه ممکن است ما خاطره‌ای از قبل از سه‌سالگی به یاد نداشته باشیم اما اثرات آن در شکل‌گیری شخصیت ما باقی خواهد ماند.

خاطراتی را در بزرگ‌سالی بیشتر به یاد می‌آوریم که زیاد به مغز منطقی صدا زده‌شده باشند. ولی چون مغز منطقی هم هنوز کامل شکل نگرفته است، خاطرات برای تصمیم‌گیری‌ها کمتر صدا زده می‌شوند. شاید برای همین است که کودک دوساله ما بااینکه یک‌بار از مبل افتاده است باز از آن بالا می‌رود و بالا و پایین می‌پرد و ترس از افتادن ندارد.

مغز منطقی برای تصمیم‌گیری از بسته‌های خاطره ذخیره‌شده در حافظه بلندمدت استفاده می‌کند. بسته‌های خاطره همه دارای احساس هستند. ممکن است بسته خاطره حاوی احساس خوشایند محبت و آغوش گرم پدر باشد و یا ممکن است بسته خاطره حاوی احساس ترس از صدای بلند یک رعدوبرق باشد. در بعضی از بسته‌های حافظه چندین حس ادغام‌شده است، مانند خاطرهٔ بازی بالا انداختن بچه توأم بااحساس ترس، هیجان و لذت. درهرحال خاطراتی که شکل می‌گیرند داری یک یا چند احساس می‌باشند که تجربیات ما را می‌سازند.

برای درک اینکه چه کنیم که فرزندانمان خاطرات و تجربیات خوب و متنوعی بسازند در بخش ششم به‌طور مفصل گفته‌شده است.

---

[1] - Inside out 2015 / Disney

- خلق‌وخو[1]

زمانی که یک نوزاد متولد می‌شود با صفات، ویژگی‌ها، توانایی‌هـا، استعدادها و فرصت‌های متفاوتی به دنیا می‌آید، خلق خو به ژن‌های پدر، مادر و نسل‌های گذشتـه، حالات مادر در زمان حاملگی و بسیاری از عوامل دیگر برمی‌گردد. خلق‌وخوی هر فرد با دیگری مختلف و متفاوت است، خلق‌وخو در حقیـقت مواد اولیه‌ای است که به هر کودک داده می‌شود تا با آن، اما با استفـاده از تجربیاتی که در این دنیا کسب می‌کند، خودش را بسازد. در این ساختن نقش اولیه را، پدر و مادر دارنـد. خلق‌وخو مانند مصالح ساختمانی هستند که به پدر و مادر بدهند و بگویند خانه‌ای را با میل خودتان بسازید. ممکن است آن‌ها با آن قصر محکمی بسازند و یا کلبه نااستواری.

اگرچه که خلق‌وخو مهم است، اما نتیجه نهایی (شخصیت) به چگونگی خلق‌وخو به‌طور کامل مربوط نمی‌شود و خلق‌وخوی کودک یا ذات کودک تا یک‌سالگی بر کودک غلبه دارد اما اثر آن تا ۳ یا ۴ سالگی از دست می‌رود، به شرطی که از طرف پدر و مادر تشدید نشود. آنچه به‌عنوان نتیجه نهایی شکل می‌گیرد که تا ۲۵ سالگی کامل می‌شود شخصیت است که سه سال اول زندگی مهم‌ترین سال‌های شکل‌گیری شخصیت است و این بسیار به پدر و مادر بستگی دارد.

نوع خلق‌وخو را معمولاً فقط در سال‌های اولیه می‌توان مشخص کرد و دانستن آن به والدین کمک می‌کند که فرزند خود را با دیگران مقایسه نکنند و تفاوت‌ها باعث استرس آن‌ها نشود.

تفاوت در خلق‌وخو باعث می‌شود که بعضی از نوزادان به توجه و زحمت بیشتری نیاز داشته باشند و بعضی دیگر، بچه‌های راحت‌تری باشند. عواملی که خلق‌وخوی کودکان را متفاوت می‌سازد، می‌توان به ۹ دسته تقسیم کرد: (در **کیانا** نوع خلق‌وخوی کودک خود را ارزیابی کنید.)

۱- میزان و سطح فعالیت کودک

برخی کودکان پرانرژی و کم خوابند و بعد از خواب کوتاهی، کاملاً سرحال و سرزنده‌اند. در مقابل آن‌ها کودکانی هستند که کم فعالیت، آرام و کم انتظـارند و نیاز به خواب بیشتر و طولانی‌تر دارند.

[1] Temperaments

وقتی به دنیا اومدی

به همین دلیل برخی کودکان تازه به دنیا آمده، در شبانه‌روز ۲۰ ساعت می‌خوابند و برخی ۱۵ یا ۱۶ ساعت.

۲- توجه و تمرکز

برخی کودکان وقتی مشغول کاری هستند، تمام انرژی و نیروی روانی و تمرکز خود را بر روی آن کار می‌گذارند؛ مانند شیر خوردن و به هیچ‌چیز عکس‌العملی نشان نمی‌دهند اما برخی دیگر با کوچک‌ترین صدا از شیر خوردن بازمی‌مانند.

۳- شدت و میزان پاسخ یا واکنش به محیط اطراف یا ارتباطات انسانی

برخی کودکان با هر موضوعی با واکنش تند و شدیدی برخورد می‌کنند؛ یعنی وقتی‌که شرایط (رفتار یا پاسخی) برخلاف میل آن‌هاست با آن مورد، با شدت و تندی رفتار می‌کنند. درحالی‌که برخی دیگر توان این را دارند که در ارتباط با دیگران رفتار غیرمنتظره یا خلاف میل را بیشتر تحمل کنند و با شدت و سرعت کمتری واکنش نشان دهند.

۴- مرتب و منظم بودن کودک

برخی کودکان در ساعت معینی می‌خوابند و غذا را در ساعت مشخصی می‌خورد و وقت بیداری آن‌ها معین است و همچنین مسئله‌ی ادرار و مدفوع آن‌ها مشخص است درنتیجه کار پیش‌بینی و در صورت لزوم پیشگیری را بسیار ساده می‌کند. برخی برعکس به حدی در مسائل بالا بی‌نظم هستند که پدر و مادر نیز گاهی اوقات نمی‌دانند چه کنند.

۵- حساسیت به محیط فیزیکی

برخی از کودکان به عوامل فیزیکی بسیار حساس‌اند یعنی به سردی و یا گرمی دما یا غذا یا به هر تغییر ناچیزی به‌سرعت واکنش نشان می‌دهند درحالی‌که برخی به سردی و گرمی دما و غذا و یا تغییر نوع لباس یا رنگ و اندازه لباس توجه نمی‌کنند.

۶- چگونگی ارتباط، دوری و نزدیکی با اطرافیان

برخی کودکان به‌هیچ‌وجه تحمل ارتباط با افراد غریبه را ندارند، با اکراه به دیگران نزدیک می‌شوند و معمولاً اگر نزدیک شدند هم سخت دوباره دور می‌شوند و تا مدتی در غم دوری می‌مانند. کودک با درجات مختلفی با محیط اطراف و انسان‌ها ارتباط برقرار می‌کند و هنگام دل بستن و گسستن حالات مختلفی دارد. به همین علت برخی از بچه‌ها احتمالاً وقتی‌که پدر و مادر از خانه بیرون می‌روند واکنشی نشان نمی‌دهند و برخی خودشان و دیگران را دچار گرفتاری می‌کنند.

۷- سازگاری یا سازش‌کاری یا ستیز

برخی از بچه‌ها به‌سرعت خودشان را با محیط جدید سازگار می‌کنند. به آن‌ها کودکان سازگار می‌گویند، آن‌ها دیگران را راحت می‌پذیرند، اما گروه دیگری سازگاری را در سازش‌کاری می‌دانند و همیشه در تظاهر و وانمود کردن هستند که سازش‌کارند اما در فکر و ذهن خود چیز دیگری دارند و گروه سوم از کودکان به تفاوت‌ها به‌راحتی سازش نشان نمی‌دهند و از سر جنگ و ستیز برمی‌خیزند.

۸- اصرار و تداوم

برخی از کودکان به‌راحتی از خواسته خود نمی‌گذرند حتی به خاطر یک خواسته‌ی کوچک قهر می‌کنند و حتی چیزهای بهتر و برتر را رد و نفی می‌کنند. درحالی‌که کودکانی هستند که به محض برخورد با مانعی از عقیده‌ی خود می‌گذارند و به‌جای چیزی که می‌خواستند، چیز دیگری را قبول می‌کنند.

۹- نوسانات خلق‌وخو (حال درونی)

همه بچه‌ها بالا و پایین دارند، اما برخی مانند دریاها خروشان‌اند؛ یعنی آن‌ها کودکانی هستند که کوچک‌ترین ناملایماتی آن‌ها را برهم می‌ریزد، اگر جزئی از کل خوب نباشد همه را برهم می‌ریزند. اگر قسمتی از غذا خوب نیست و نوشیدنی موردعلاقه‌شان آنجا نباشد همـه را رد و نفی می‌کنند. درحالی‌که گروه دیگری از کـودکان هستنـد که دگرگونی‌های کلی را می‌پذیرند و معمولاً راضی‌تر، خوشحال‌تر و سپاس‌گزارند.

بنابراین ۹ زمینه‌ی مختلف و متفاوت خلق‌وخوی کودک که بیان شد، در یک سال اول کاملاً همراه او است و بیشتر رفتار کودک در چارچوب و در ارتباط با این حالاتش است؛ اما آهسته‌آهسته از یک‌سالگی به بعد با توجه به آنچه کودک آموخته و تجربه کرده است، ظرفیت آن را پیدا می‌کند و دگرگونی‌هایی را به وجود می‌آورد و به ما هم اجازه و فرصت دخالت را می‌دهد.

درعین‌حال مهم است که بدانیم، کودک ما دارای کدام‌یک از ویژگی‌های ذاتی- خلق‌وخو است. دانستن این صفات در نوعی که ما با او روبرو می‌شویم و یا از او انتظار داریم به ما کمک می‌کند. فرض کنید خواهرمان به ما می‌گوید که کودکش با تغییرات به‌راحتی کنار می‌آید و حتی اگر جای خوابش عوض شود راحت می‌خوابد، آشکار است اگر ندانیم خلق‌وخو وجود دارد و فرزند خواهرمان را با فرزند خود مقایسه کنیم دچار نگرانی می‌شویم و یا ناامید می‌شویم. زمانی که ندانیم خلق‌وخوی کودکمان چگونه است به‌جای پذیرش اینکه کودکان خلق‌وخوی متفاوت دارند، به خودمان و کودکمان سخت می‌گیریم به او برچسب بچه بدخلق یا ناراضی می‌دهیم و از این پریشانی صحبت می‌کنیم و این باعث تغییرات در رفتارها و بازتاب‌های رفتاری ما می‌شود و نتیجه تلخش این است که با دست خود یک خلق‌وخوی موقتی را تبدیل به یک رفتار دائمی می‌کنیم؛ اما اگر دانسته به تفاوت‌ها و با شناخت خلق‌وخوی فرزندمان، بپذیریم که باید وقت بیشتری بگذاریم این حساسیت‌ها به‌تدریج از بین رفته و جایش را به آن چیزی می‌دهد که به آن رفتار و شخصیت اکتسابی می‌گویند و کودک ما آن‌ها را از ما می‌آموزد.

یک کودک به تغییرات جدید به‌شدت واکنش نشان می‌دهد و بسیار هیجان‌زده می‌شود، یکی دیگر با آرامش با فرآیند و موقعیت‌های جدید روبرو می‌شود. این ویژگی‌های مختلف خلق‌وخوی کودک، بروی نحوی که جهان را درک می‌کند و تجربه می‌کند، تأثیر می‌گذارد. یک رابطه متقابل بین ما و کودک ما وجود دارد. هنگامی‌که کودک ما آرام است و شرایط جدید را به‌خوبی درک می‌کند، برای ما مراقبت از او آسان‌تر است و اگر خیلی حساس است، ممکن است اغلب احساس ناامیدی بکنیم. هر دو بر کیفیت مراقبت‌هایی که ارائه می‌دهیم تأثیر می‌گذارد. واکنش‌های ما به یک کودک باعث تحریک‌پذیری او می‌شود و درواقع رفتار بد را بدتر می‌کند. از سوی دیگر، اگر

بخش دوم - وارد دنیای شگفت انگیز کودک شویم

خلق‌وخوی ما آرام و صبور باشد، می‌توانیم به او کمک کنیم تا احساسات خود را کنترل و تنظیم کند و به‌تدریج تثبیت رفتار پیدا کند. هماهنگی بیشتر بین خلق‌وخوی کودک و ما به ما کمک می‌کند که نیازهای کودک را، راحت‌تر تأمین کنیم.

- نوزاد خود را بشناسید:

همه ما به دنبال این هستیم که فرزندی شایسته پرورش بدهیم تا او هم در زندگی موفق و خرسند باشد و هم ارتباط او با والدین نزدیک و مؤثر باشد، بدین منظور، باید ابتدا از کودک خود شناخت کافی پیدا کنیم و با دانستن خصلت‌های کلی و جزئی نوزادمان می‌توانیم به نیازها، توانایی‌ها و روشی که با او ارتباط می‌گیریم، واقف باشیم.

خصلت‌های کلی عبارت‌اند از رفتارها، نیازها و خصوصیاتی که برای همه کودکان در سنین مشخص یکسان است. به‌طور مثال بعضی از خصلت‌های کلی عبارت‌اند از

- همه کودکان به دنبال رسیدن به دو احساس کلی **مهم بودن و متعلق بودن** هستند.
- کارکرد و شیوه رشد مغز و اینکه کودکان حافظه بلندمدت کاملی تا سن ۳ سالگی ندارند که از آن استفاده کنند.
- مرکز تصمیم‌گیری‌هایشان قسمت مغز پایینی یعنی احساساتشان است.

اما خصلت‌های جزئی آن خصلت‌هایی هستند که فقط مربوط به کودک شما می‌باشد مانند خلق‌وخوها که ممکن است کودکی نیاز به توجه بیشتر داشته باشد و کودکی نیازمند توجه کمتری باشد.

بهترین راه برای شناخت کودک خود، استفاده از کیانا است. کیانا دفتری است که حالات کودک را با زمان و تاریخ و شرایط موجود در آن ثبت می‌کنیم. فرض کنیم که کودک ما از دل‌درد کولیک[1] رنج می‌برد. بعضی از بعدازظهرها گریه و ناراحتی بیشتری دارد و بعضی از روزها درد کمتری دارد. ما در مورد اینکه در طول روز چند بار و با چه روندی به او شیر داده‌ایم و چقدر خوابیده و چگونه او را آرام کرده‌ایم هرروز نت‌برداری می‌کنیم و این به ما کمک می‌کند متوجه شویم برای آرام کردن فرزند خود، چه راهی بهتر است.

> کولیک: **کولیک نوزاد** یا **قولنج نوزادی** به گریه‌های بی‌وقفه بیش از سه ساعت در روز که بیش از سه روز در هفته رخ دهد و حداقل سه هفته تداوم یابد، در نوزادان دو هفته تا چهارماهه‌ای که جز این سالم به نظر می‌رسند، گفته می‌شود. علت بروز کولیک نوزادی هنوز مشخص نشده است.
>
> گریه‌های ناشی از کولیک نوزاد می‌توانند موجب اضطراب در روابط، نقصان در شیردهی، افسردگی پس از زایمان، مراجعه‌های بی‌مورد به دکتر، یا آزار کودک، از جمله سندروم تکان شدید کودک شوند.
>
> کولیک نوزادی در ۲۵٪ از نوزادان رخ می‌دهد. درمان آن عموماً غیرمداخله‌گرانه است و بدون استفاده از داروهای معمول یا جایگزین صورت می‌گیرد. کولیک نوزادی اغلب در سه یا چهارماهگی ناپدید می‌شود، اما ممکن است تا یک‌سالگی نیز ادامه یابد. هیچ‌گونه آسیب درازمدتی در ارتباط با کولیک نوزادی وجود ندارد.

این کیانا نویسی کمی سخت به نظر می‌رسد اما به ما مادران کمک می‌کند که فرزندان خود را بهتر بشناسیم و کنترل اوضاع را به دست بگیریم و استرس تا حد زیادی از ما دور می‌شود. یکی از مزیت‌های دیگر کیانا این است که نه‌تنها زمانی که فرزندمان بزرگ شد، خواندن

---

[1] **Colic** or cholic Pain

این مطالب برای او و ما بسیار جالب است بلکه اگر تصمیم به آوردن کودک دیگری داریم می‌تواند به‌عنوان یک دفترچه راهنما به ما کمک کند.

زمانی که کودک ما بسیار کوچک است، توجه به علائم و سیگنال‌های که صورت و بدنش به ما نشان می‌دهد، بسیار به ما کمک می‌کند که آن‌ها را بهتر بشناسیم و با نوزادمان بهتر ارتباط برقرار کنیم از طرفی نوزادی که به‌خوبی درک شود احساس بهتری نسبت به دنیای اطراف خود پیدا می‌کند و احساس نیاز به تعلق و مهم بودن مرتفع می‌شود. این باعث شکل‌گیری عزت‌نفس و اعتمادبه‌نفس در او می‌شود.

تجربه یاداشت نویسی و توجه یک مادر خانه‌دار برای کشف زبان رمزدار نوزادان:

مادری به نام **پریسیلا دانستن** [1] با توجه به نشانه‌های و تفاوت‌های گریهٔ نوزاد پسر خودش توانسته است با گوش دادن و نت برداشتن از صدای گریه او، نیازش را درک کند. بعد از تحقیق در مورد نوزادان دیگر به این نتیجه رسیده است که تمام نوزادان دنیا، فارغ از فرهنگ و ملیت و زبان مادری به زبان مشترکی گریه می‌کنند. گریه‌های متفاوت آن‌ها درنهایت به ۵ نیاز اساسی آن‌ها اشاره دارد که با توجه مادر به صدای گریه و حالات کودک می‌توان فهمید که کدام نیاز انسانی را تقاضا می‌کنند.

[1] Priscilla Dunstan

وقتی به دنیا اومدی

برای دیدن ویدئو مربوط به نوع گریه کودکان به وبسایت فرزندراه مراجعه کنید.

http://farzandrah.com

بخش دوم – وارد دنیای شگفت انگیز کودک شویم

خلاصه آنچه در این بخش آموختیم:

- شناخت نوزاد و سفر به دنیای درون او به ما کمک می‌کند که دلایل رفتارهایش را بدانیم.

- دو دلیل عمده رفتارهای کودکان رسیدن به **احساس تعلق** و **احساس مهم بودن** و مفید بودن است.

- یادگیری کارکرد مغز به ما کمک می‌کند که بدانیم در سر او چه می‌گذرد. در این بخش آموختیم که مغز پردازشگر کودکان تا ۲۵ سالگی کامل نمی‌شود و بیشتر واکنش‌های آن‌ها فرمانش از قسمت هیجانی مغز صادر می‌شود که برای ارتباط مؤثر با کودک باید، با زبان آن بخش ابتدا وارد مذاکره شده و با سؤالات مؤثر به منطق او راه یابیم.

- حافظه او در حال شکل‌گیری است و چون **حافظه بلندمدت** هنوز کاملاً ساخته نشده است. ممکن است لازم باشد بارها یک موضوع را به او یاد بدهیم. صبور باشیم و اجازه دهیم واحد حافظه، تجربیات مختلف بیاموزد.

- بدانیم که هر کودکی با خلق‌وخوی متفاوت به دنیا می‌آید، این تفاوت را بشناسیم و بجای استرس گرفتن و برچسب زدن به کودک آن را بپذیریم و به کودک فرصت دهیم. بعضی کودکان به‌زحمت بیشتری نسبت به بعضی دیگر نیاز دارند. این تفاوت‌ها در رفتار و شخصیت آینده آن‌ها بی‌تأثیر است، مگر به آن‌ها دامن زده شود.

وقتی به دنیا اومدی

تمرینات بخش دوم:

- سؤالات مؤثر شما چیست؟

- برای مراحل نه‌گانه خلق‌وخوی بین ۰ تا ۶ نوزادتان را ارزیابی کنید.
در کتابچه یادداشتی (کیانا) که با این کتاب خریداری کرده‌اید در قسمت خلق‌وخوی نوزاد بر اساس ادراک خود از نوزادتان، این قسمت را پرکنید و ده سؤال را جواب دهید.

بخش دوم - وارد دنیای شگفت انگیز کودک شویم

یادداشت ------------------

بخش سوم

اقتدار مثبت

- فرزند پروری بااقتدار مثبت چیست؟

متدهای فرزند پروری که ما والدین تاکنون بکار گرفته‌ایم، روش‌هایی است که خانواده‌هایمان برای تربیت ما بکار برده‌اند و یا متدهایی است که یا از گذشته‌ها به ما رسیده است و یا عموم جامعه از آن روش پیروی می‌کنند و آیا اصلاً تاکنون به این فکر بوده‌ایم که باید برای پرورش فرزندمان متد و یا روش خاصی را پیش بگیریم. با توجه به اینکه بسیاری از ما حتی برای آشپزی کردن خود یا گردگیری کردن خانه‌هایمان از شیوه و یا راهکارهای خاصی پیروی می‌کنیم، اما برای این مهم به دنبال راه خاصی نبوده‌ایم و یا با تکیه بر یک روش **من‌درآوردی** چیزی مثل روش گذشتگان باکمی تغییرات می‌خواهیم باارزش‌ترین اتفاق زندگی‌مان را هدایت کنیم!

اما دنیا از چند دهه گذشته تا اکنون بسیار تغییر کرده است. مخصوصاً دانش انسان نسبت به چگونگی پرورش کودکان، اینکه بتوانیم فرزندی توانا، مسئول و با اعتمادبه‌نفس پرورش دهیم، بسیار رشد کرده است. همه می‌دانیم که در مواردی تنبیه و مجازات هنوز جواب می‌دهد، اما فقط برای کوتاه‌مدت و در طول زمان باعث شورش فرزندان و ایستادن مقابل والدین خواهد شد و حاصلش فرزندانی است که به توانایی خود اعتماد ندارند.

همان‌طوری که نوزادی که به دنیا می‌آید، وقتی به گریه می‌افتد ما به دنبال راهی برای رفع نیاز او هستیم. با گریه او از خواب ناز بیدار می‌شویم و با خوش‌رویی شکمش را سیر می‌کنیم. اگر به ما با پاهای کوچکش لگد می‌زند، می‌خندیم و پاهایش را می‌بوسیم و زمانی که مشت‌هایش را به سمت ما پَرت می‌کند، بازهم با او بازی می‌کنیم؛ اما چرا همین بچه که بزرگ‌تر می‌شود اگر کارهای اشتباهی بکند، او را دعوا می‌کنیم. ما والدین به‌مرور زمان لبخندهایمان کمتر و ایرادهایمان به کارهای آن‌ها بیشتر می‌شود.

در شیوه اقتدار مثبت سه اصل اساسی وجود دارد، به عبارتی مادر و پدر در تمامی سنین فرزندانشان باید این‌گونه باشند:

مهربان – آرام – مصمم

این همان خصوصیاتی است که بسیاری از ما زمانی که نوزادی تازه به دنیا آمده داریم ناخودآگاه در رفتارمان داریم.

واقعیت این است که تمامی بچه‌ها زمانی که در حال یافتن جواب سؤال‌هایشان هستند، با ما بزرگ‌ترها همگام هستند چون در ذات انسان است که با انسان‌های دیگر ارتباط گرفتن را بیاموزد و هدف بزرگ زندگی خوشنود بودن خود در کنار خوشنودی دیگران است.

کودک ما در حال شکل‌گیری مغزش آرام‌آرام معنی کلمه نه را متوجه می‌شود البته زمانی به حرف ما گوش می‌دهد که راه‌حل بهتر و یا جایگزینی که همان نیاز را رفع کند، به او پیشنهاد بدهیم، آن زمانی که ما نیز به او گوش بدهیم. در تمامی مراحل یک والد هوشیار **مهربان** است، **مصمم** است و **آرامش** خود را حفظ می‌کند. در قسمت بعدی بیشتر به چگونگی این ویژگی‌ها می‌پردازیم:

- آجر های ابتدایی پرورش با اقتدار مثبت

۱- احترام متقابل:

فرزنـدان احترام گذاشتن را با گفتن و بیان کردن از شما نمی آموزند، بلکه آن را زمانی می آموزند که شما خود احترام گذاشتن را در عمل به آنها نشان می دهید زمانی که شما به خود، به کودکانتان و به دیگران احترام می گذارید. انسانی می‌تواند به دیگران احترام بگذارد که ابتدا به خـودش احترام گذاشته باشد. در درجه اول باید والدین به خود و به نیازهای خود احترام بگذارند.

مثال: اگر نیاز دارم که برای جرم‌گیری دندان بروم و فرزندی ۲ ساله دارم نباید به خاطر مادر بودنم آن را به تعویق بیندازم.

احترام به خود درسـی است که ما به فرزندمان یاد می‌دهیم. وقتی به خودمان احترام می‌گذاریم، مصمم بودن را هم به فرزنـدمان یادآوری می‌کند. در درجه دوم احترام به همسر و دیگر اعضای خانواده است ازجمله احترام مهربانـانه به خود نـوزاد است و این احترام می‌تواند با رفع نیازهایش، لباس تمیز بر تنش کردن و احترام گذاشـتـن به سلیقه او باشد.

۲- درک باوری که در پشت هر رفتار کودک است:

تمـام رفتارهای انسانی، دلیلی دارند و این دلایل به علت باورهای است که از بدو تولد شکل‌گرفته است. زمانی که باورهای پشت رفتارهای آن‌ها را بدانیم به‌راحتی می‌توانیم به آن‌ها کمک کنیم که رفتارهایشان را تغییر دهند. زمانی که کودکان ما کوچک‌تر هستند، نه‌تنها باورها بلکه نیازها و توانایی‌های رشدی آن‌ها نیز بروی رفتارهای آن‌ها تأثیر دارد. در فصل قبل به این اشاره کردیم که همه ما انسان‌ها نیازهایی داریم اما دو نیاز اساسی **"تعلق"** و **"خاص بودن"** ما را به انجام بسیاری از رفتارها وامی‌دارد.

مثال: زمانی که من بدانم دعوا و گریه فرزندم به دلیل این است که اجازه نداده‌ام به‌اندازه کافی تصمیم‌گیری کند. حال سعی می‌کنم با مشارکت دادن او در تصمیم‌گیری‌های خانه و تصمیم‌گیری‌های خودش این احساس نیاز خاص و مفید بودنش را برطرف کنم.

۳ – دانش درباره پله‌های پیشرفت فرزندمان به‌تناسب سن آن‌ها:

این دانش بسیار مهم است. پدر و مادر نباید بیشتر از توانایی کودکشان از او انتظار داشته باشند.

مثال: اگر بدانیم که فرزند ما می‌تواند یک بازی پازل ۱۰ قطعه را حل کند و برای او پازل ۱۰۰ قطعه تهیه کنیم، اعتمادبه‌نفس او را خدشه‌دار می‌کنیم اما اگر برعکس آن را انجام دهیم یعنی فرزندمان توانایی پازل ۲۰ تایی دارد اما برایش پازل ۹ تکه بخریم و زمانی که آن را حل کرد پازل بزرگ‌تری تهیه نکنیم، قدرت انگیزه سازی را در او از بین می‌بریم.

این دانش را نمی‌توانیم با مقایسه کودکان دیگر پیدا کنیم، بلکه باید با بازی و تـأمل پیوسته با فرزند خود پیدا کنیم.

۴- ارتباط مؤثر:

در پروسه پرورش فرزند، هم ما و هم فرزندمان یاد می‌گیریم که شنیدن مؤثر چیست.

شنیدن درست و مؤثر، الفبای یک ارتباط است، بسیاری از ما شنیدن نوع اول و دوم را استفاده می‌کنیم، اما فقط عده معدودی از ما از شنیدن نوع سوم بهره می‌بریم.

شنیدن نوع اول عبارت است از تظاهر به شنیدن اما گوش ندادن به مطالب گفته‌شده، در این حالت فقط چند کلمه از کل صحبت را ممکن است به خاطر بیاوریم؛ مانند بسیاری از زمان‌هایی که کودک ما در حال تعریف‌های تمام‌نشدنی است (معمولاً بین سنین ۳ تا ۹ سال) و ما از شنیدن نوع اول استفاده می‌کنیم.

شنیدن نوع دوم زمانی است که ما حرف گوینده را می‌شنویم، گوش هم می‌دهیم و منظور او را هم درک می‌کنیم اما آن‌گونه که دوست داریم برداشت می‌کنیم و با فیلترهای ذهنی خودمان حرف را و شخص را قضاوت می‌کنیم. بیشترین زمانی که در حال گوش دادن به اطرافیانمان هستیم از این نوع شندیدن استفاده می کنیم.

اما **شنیدن نوع سوم** که این شنیدن مخصوص انسان‌هایی است که در ارتباط‌های کاری و خانوادگی بسیار موفق هستند. آن‌هایی که گوینده را با ذهنشان قضاوت نمی‌کنند و هر چه می‌شنوند با همان منظور گوینده برداشت می‌کنند. بهترین برنامه ساز و مجری دنیا "اپرا وینفری"[1] به شنیدن انسانها از نوع سوم و درک نیاز آنها و تهیه برنامه های دقیقاً بر اساس نیاز و خواسته بینندگان اش معروف است و دلیل موفقیت بسیاری از برنامه های تلوزیونی اش هم همین است.

برای داشتن ارتباط مؤثر با فرزندانمان باید یاد بگیریم که با شیوه سوم آن‌ها را بشنویم و این باعث می‌شود حتی یک مادر از صدای گریه نوزادش متوجه شود که چه نیازی دارد و چگونه محترمانه به درخواست نیازش پاسخ دهیم. این نوع شنیدن یک مهارت است که با تمرینات مناسب به دست می‌آید.

۵- دیسیپلین و اقتدار مثبت:

در دنیای فرزند پروری گروهی از پدران و مادران روش آسان‌گیری را انتخاب می‌کنند، آن‌ها به دلیل داشتن پدران و مادرانی بسیار سخت‌گیر تصمیم می‌گیرند برای فرزندانشان دنیای متفاوتی بسازند و فرزندانشان را رها می‌کنند که هر کاری می‌خواهند بکنند، برایشان تا حد امکان رفاه فراهم می‌کنند و آن‌ها را در شرایطی به‌دوراز روبرو شدن با مشکل، پرورش می‌دهند.

درحالی‌که گروهی دیگر از پدران و مادران روش سخت‌گیرانه و یا اقتدار منفی را پیش می‌گیرند و که فرزندانشان را حتی از محبت خود، دور می‌کنند تا اقتدارشان پابرجا بماند، حرف باید حرف آن‌ها باشد و تصمیم درست را همیشه پدرها و مادرها می‌گیرند؛ اما منظور از اقتدار یا دیسیپلین مثبت به‌هیچ‌وجه این دو روش یعنی آسان‌گیری و سخت‌گیری نیست.

با روش **اقتدار مثبت** فرزندان ما یاد می‌گیرند که چطور مهارت‌های با ارزش، برای زندگی‌شان کسب کنند و نگرش مثبت به آینده داشته باشند، تصمیم‌های کوچک و بزرگ برای زندگی خود بگیرند و بتوانند بدون کنترل پدر و مادر، بهترین انتخاب‌ها را انجام بدهند.

---

[1] Oprah Winfrey

پدران و مادران با روش اقتدار مثبت نه مانند والدین **آسان‌گیر** فرزندان را رها می‌کنند که انگیزه و هدفی برای پیشرفت نداشته باشند و نه مانند متد **سخت‌گیری یا دیسیپلین منفی** آن‌قدر به آن‌ها فشار می‌آورد که کودکان تمام اعتمادبه‌نفس خود را از دست بدهند.

میلیون‌ها از مـادرهـا و پدرهایی که شیوه اقتدار مثبت را در پرورش فرزند خود به‌کاربرده‌اند به این نتیجه رسیده‌اند که این متد بهترین روش برای توانا کردن فرزندشان به مهارت‌های اجتماعی و زندگی است.

۶- تمرکز به پیدا کردن راه‌حل به‌جای تنبیه:

سرزنش و تنبیه هیچ‌گاه باعث حل شدن مشکل نمی‌شود و حتی باعث می‌شود آن مسائل دوباره تکرار شود. زمانی که فرزندمان شروع به راه رفتن می‌کند، در قدم‌های اول که هنوز تعادل ندارد و زمانی که زمین می‌خورد، آیا او را تنبیه و سرزنش می‌کنیم؟

خیر. برعکس او را تشویق می‌کنیم تا دوباره بایستد و راه برود، زمانی که چند قدم برداشت با آفرین گفتن به او دلگرمی می‌دهیم. در سال‌های ابتدایی زندگی والدین وقتی کودکشان به مشکلی برمی‌خورد بجای تنبیه و سرزنش به او کمک می‌کنند که راه‌حلی بیابند و در سال‌های بعد کودک خود می‌تواند برای مشکلاتش راه‌حل تازه‌ای پیدا کند. در فصل پنجم به این مبحث بیشتر می‌پردازیم.

۷- تشویق و دلگرمی:

تشویقی که برای انجام تلاش و پیشرفت است و نه تشویقی که به دلیل رسیدن به موفقیت است، می‌تواند در کودک دلگرمی انجام کار و ادامه دادن آن را، ایجاد کند. این نوع تشویق در درازمدت احساس رشد فردی و حس اعتمادبه‌نفس به فرزندانمان می‌دهد.

اما تشویقی که در آن تمرکز به نتیجه کار باشد، متأسفانه بعد از رسیدن به موفقیت، کودک را برای پیشرفت بعدی بی‌انگیزه می‌کند.

ازنقطه‌نظر دیگر اینکه در دنیای امروز بسیاری از مادران و پدران بجای سرزنش کردن از تحسین استفاده می‌کنند، اما این خود باعث بوجود آمــدن کودکان خودخواه و بیش از نیاز خودباور می‌شود. تشویق باید بجای تعریف از کودک، تعریف از عمل خوب و یا تصمیم و یا تلاش او باشد.

۸ - بچه‌ها بهتر رفتار می‌کنند وقتی احساس بهتری دارند:

اما آیا ما درکودکی در مهمانی‌ها از مادر خود بارها با شنیدن کلمه

" چه کار زشتی ! " و یا " بچه است دیگر ببخشیدش! خاله "

احساس شرم و حقارت نکرده‌ایم؟

این ادعای احمقانه از کجا آمده است که برای اینکه بچه‌ها بهتر رفتار کنند باید احساس شرم، خجالت، حقارت و یا درد کنند؟

هر زمان هرکدام از ما احساسی داریم که در بسیاری از موارد حتی نمی‌توانیم آن را درک کنیم و آن را نام‌گذاری و کنترل کنیم. احساساتی مانند خوشحالی، نگرانی، ترس، حقارت، تنهایی، افتخار، آزردگی، وحشت‌زدگی، رهایی، دوست داشته شدن، متعلق بودن و ......

زمانی که توانایی شناخت این احساسات را داشته باشیم و بتوانیم درک کنیم که عامل به وجود آمدنش چیست و چگونه می‌توانیم آن‌ها را کنترل کنیم، می‌توانیم بر رفتارهایمان کنترل داشته باشیم.

بر عهده ماست که به نوزادمان که به‌سختی می‌تواند خود را بشناسد، آموزش دهیم که احساساتش را بشناسد، پس با او به احترام، عشق و دلگرمی رفتار کنیم تا او نیز به انجام رفتارهای خوب ترغیب می‌شوند.

برای اینکه بتوانیم تفاوت اقتدار مثبت را از اقتدار منفی و آسان‌گیری تشخیص دهیم، باید ابتدا تفاوت بین نیاز کودک و خواسته‌اش را درک کنیم.

- نیاز واقعی کودکان چیست؟

بین نیاز کودک و خواسته او تفاوت عمده‌ای وجود دارد. نیازهای کودک با آنچه ما حس می‌کنیم معمولاً هماهـنگ است و ما آن را برآورده می‌کنیم، اما اگر با درخواست‌های آن‌ها مانند نیازهایشان رفتار کنیم و همه آن‌ها را نیز جامع عمل بپوشانیم آنگاه است که هم ما و هم فرزندمان دچار مشکل خواهیم شد. اینکه بتوانیم تفاوت آن را درک کنیم و نیاز را برآورده کنیم و بدانیم چگونه با خواسته‌ها روبرو شویم. این‌یکی از ابزارهایی است که در پرورش کودک موفق به ما کمک می‌کند.

به‌طور مثال کودک ما به غذا، مکانی برای خواب، یک دل‌بستگی ایمن و امنیت نیاز دارد و همچنین نیاز دارد که بیاموزد توانا است و در خانه مهم و مفید است؛ اما او به تبلت برای بازی نیاز ندارد و یا به یک تلویزیون مستقل برای اتاقش و یا یک کالسکه بسیار فانتزی و یا حتی یک ماشین کنترلی! او ممکن است درخواست کند که در ۶ ماهگی او را ساعت‌ها مقابل تلویزیون بگذاریم،[۱] اما برای سن او این کار می‌تواند مانع توسعه بخش بینایی مغز او بشود و یا از ما درخواست کند که شب‌ها در تخت ما بخوابد اما اگر در تخت خودش بخوابد، توانایی اتکا به خود را می‌آموزد. در بعضی مواقـع که پدر و مادر برای خواباندن کودکشان مجبورند با ماشین او را بگردانند، این نیز خواست کودک بوده است. همان‌طور که می‌دانیم همه کودکان شکلات دوست دارند ما می‌توانیم به‌جای آن شکلات یک سیب پوست بگیریم به او دهیم و یا از فربه‌شدن کودکمان با شکلات‌های که درخواست می‌کند و به او می‌دهیم لذت ببریم اما در بزرگ‌سالی همیشه احساس حقارت و بدهیکلی را برای او باقی بگذاریم. این تصمیمات ماست.

---

[۱]- تلویزیون برای کودکان زیر دوسال به هیچ وجه توصیه نمی‌شود و حتی بسیار خطرناک است.

بخش سوم – اقتدار مثبت

تشخیص بین نیازها و خواسته‌های کودک چه جسمانی باشند و چه عاطفی یکی از وظایف یک مادر و پدر کامل است؛ اما همان‌گونه که در فصل اول تا حدودی به آن اشاره شد، نیازهای واقعی که فرزند ما دارد عبارت است از:

نیازهای جسمانی:

- نیاز به غذا،
- نیاز به آرامش و مکان امن برای خوابیدن،
- نیاز به نظافت و بهداشت،
- نیاز به بازی،

نیازهای روحی و رشد درونی کودکانمان عبارت‌اند از:

- احساس تعلق و اتصال،
- احساس قدرت درونی،
- احساس مهارت‌های اجتماعی و زندگی،
- یک اقتدار مثبت، مهربانانه و مصمم که به او احساس کرامت دهد،

به‌طورقطع همه شما والدین مهربان به نیازهای جسمانی نوزادتان واقف هستید و با کمی تمرین می‌توانید آن‌ها را به بهترین حالت ممکن رفع کنید که پرداختن به همه آن‌ها از بحث این کتاب خارج است. در این قسمت با چهار نیاز روحی و درونی کودک آشنا می‌شویم که اگر بتوانیم آن‌ها را درک کنیم و به‌خوبی برآورده سازیم، فرزندمان را در یک مسیر صحیح زندگی کردن، هدایت کرده‌ایم.

وقتی به دنیا اومدی

حال اینکه این احساسات چیست و چگونه می‌توانیم این احساس‌ها را به آن‌ها بدهیم:

- احساس تعلق و اتصال

درباره مرتفع کردن احساس دوست داشتن، حتماً شما هم خواهید گفت که هرکسی می‌داند که یک نوزاد نیازهایی دارد که با برآورده شدنش از طریق پدر و مادر احساس اتصال و تعلق داشتن به آنها می‌کند. فرزند ما به عشق از سمت ما نیاز دارد تا او احساس مهم بودن و متعلق بودن به این دنیا را در درون خود حس کند و این احساس در او نهادینه شود.

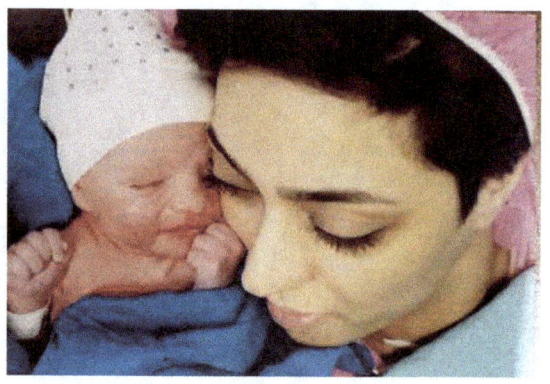

اما این دوست داشتن و ابراز علاقه کردن به او بعضی اوقات باعث می‌شود که کودک به‌اصطلاح لای پنبه بزرگ شود. بدین معنی که این‌قدر دنیا را برایش ساده می‌کنیم که تلاش کردن و جنگیدن برای اهدافش را یاد نمی‌گیرد، دوست داشتن با قبول شرایط فرزند بسیار متفاوت است.

از طرفی دیگر این احساس تعلق برای بعضی از بچه‌ها که با سرزنش و سرکوفت بزرگ می‌شوند، به‌صورت یک آرزو می‌ماند و پدران و مادران وقت و محبت کافی به آن‌ها نمی‌ورزند و فرزندان با عقده محبت بزرگ شده و معمولاً در آینده هم نمی‌توانند انتخاب مناسبی برای ازدواج انجام دهند.

بچه‌هایی که احساس تعلق نمی‌کنند، همواره در زندگی احساس سرخوردگی دارند و اغلب این سرخوردگی باعث می‌شود که کارها و یا رفتارهای ناشایست نشان دهند.

گاهی اوقات ما فکر می‌کنیم که به آن‌ها احساس دل‌بستگی و تعلق کافی می‌دهیم، درصورتی‌که خود فرزندان آن را باور ندارند، برای اینکه کودکمان احساس تعلق کند نه‌تنها باید به میزان مورد نیاز محبت ببیند و برای نیازهایش وقت گذاشته شود تا نیازهایش برآورده شود بلکه باید به درخواست‌هایش توجه شود درخواست‌هایش شنیده شود بعضی از آن‌ها برآورده شود و بعضی برآورده نشود، اما با او همدردی بشود. به میزان کافی بازی کند و از یک‌سالگی حتماً با کودکان دیگر ارتباط داشته باشد.

در اینجا لازم به توضیح بیشتر است که درک کردن خواسته‌های کودکان به معنی برآورده کردن آن نیست. اگر کودک ما برای اینکه در کالسکه ننشیند، گریه می‌کند، یک خواسته است اگر به او بی‌توجهی کنیم و یا به او بگوییم خواسته‌اش بی‌معنی است و نباید گریه کند، او را از احساس تعلق دور کرده‌ایم. اگر بعد از کمی گریه خسته شویم و او را بغل کنیم او را لوس کرده‌ایم و مصمم بودن خود را زیر سؤال برده‌ایم، اما اگر او را در کالسکه بگذاریم و چند ثانیه‌ای روبروی او بنشینیم و به او بگوییم که می‌فهمیم که چقدر دوست دارد که از کالسکه بیرون بیاید ولی امکانش وجود ندارد، اما هنوز او را دوست داریم و شاید بتوانیم زمانی که او در کالسکه است با او حرف بزنیم. در این صورت او را درک کرده‌ایم، اگرچه که کودک به خواسته‌اش نرسید اما احساس کرد که او را می‌فهمیم.

- احساس قدرت درونی

نیاز به این احساس در کودک از سال اول زندگی شروع می‌شود و کودک به دنبال این است که قدرت خود را، به خود و دیگران اثبات کند، زمانی که کودک با انجام کاری بشدت مخالفت می‌کند و یا می‌خواهد بسیاری از کارها را خودش انجام دهد و باوجود مخالفت والدین، بعضی از کارها را چندین بار انجام می‌دهد، در حال دستیابی به نیاز به قدرت است. بسیاری از مادران با آنکه از خودرأی بودن کودکانشان در ۱ تا ۴ سالگی شکایت دارند، اما همین مادران برای فرزندانشان آرزوی استقلال و شخصیت قوی در بزرگ‌سالی آن‌ها می‌کنند.

وقتی به دنیا اومدی

یادمان باشد که کودکان حدوداً بعد از ۱۲ ماهگی وارد مرحله‌ای می‌شوند که می‌خواهند بدانند که چه کسی هستند و چه می‌توانند بکنند و به‌تدریج که بزرگ‌تر می‌شوند، شروع به پیدا کردن قدرت‌هایشان می‌کنند، می‌خواهند خودشان بعضی از کارها را انجام بدهند و با بعضی تصمیمات ما مخالفت می‌کنند. بسیاری از پدر و مادرهای ناآگاه، بجای آنکه آن‌ها را در راه‌های مفید و خوب هدایت کنند، این قدرت را از آن‌ها می‌گیرند،

یکی از بزرگ‌ترین وظایف ما به‌عنوان والد این است که به کودک نوپایمان کانال‌های قدرتش را نشان دهیم و آن را با مهربانی و اقتدار به سمت کارهای مثبت هدایت کنیم. اگر کودک ما ظرف قدرتش را با انتخاب‌هایی که ما به او می‌دهیم پر نکند آن را با گریه و بدقلقی پر خواهد کرد. گاهی اجازه بعضی از کارها و انتخابات را به کودک دادن بسیار ساده است، اما چون دلیل کار او را نمی‌دانیم شاید با او مخالفت می‌کنیم و حق انتخاب کافی را به او نمی‌دهیم.

کسری پسری یک‌ساله و نیمه است، یاد گرفته این‌طرف و آن‌طرف بدود، او بسیار انرژی دارد و گاهی در خیابان دست مادر را رها می‌کند و به سمتی دیگر می‌دود، مادر کسری همیشه به دنبال او می‌دود و او را بغل می‌کند و دعوایش می‌کند، این اتفاق بارها افتاده است؛ اما او بعد از اینکه اطلاع پیدا کرد که فرزندش به دنبال پیدا کردن قدرت و توانایی‌هایش هست، بیشتر او را به پارک می‌برد تا باهم به این‌طرف و آن‌طرف بدوند، او زمانی که به محلی که برای دویدن امن است می‌رود، به کسری اجازه می‌دهد که او تصمیم بگیرد کجا و به چه جهتی بدود، اما در خیابان به او اجازه نمی‌دهد. بعد از چندین بار که کسری در محل‌های مختلف شروع به دویدن کرد، متوجه شد که در کدام از مکان‌ها اجازه دویدن دارد و در کدام مکان‌ها اجازه ندارد و یا برای او امن نیست، اما چون به‌اندازه کافی به او این قدرت داده می‌شود او احساس نیازش را برطرف می‌کند و زمانی که مادر به او اجازه دویدن نمی‌دهد کسری مثل قبل گریه و بهانه‌جویی نمی‌کند.

بخش سوم – اقتدار مثبت

- احساس مهارت‌های اجتماعی و زندگی:

دغدغه بسیاری از پدرها و مادرها این است که فرزندان غذای خوب و کافی بخورند، راحت بخوابند و لباس مناسب بپوشند، در کنار این‌ها، فراگیری روابط اجتماعی و یادگیری مهارت‌های ارتباطی که باعث ساخته‌شدن احساس مهم بودن می‌شود، نیز برای کودک ضروری است. این احساس مهم بودن تنها با ابراز عشق از طرف والدین و تشویق آن‌ها به‌طور کامل برآورده نمی‌شود و نیاز است که کودک در ارتباط با دیگران، آن را یاد بگیرد. این احساس به کودک کمک می‌کند که مقاومت او را در برابر بالا و پایین‌های زندگی بالا ببرد.

راه‌هایی افزایش مهارت‌های اجتماعی کودکان:

- ایجاد فضاهایی که کودکان بتوانند با کودکان دیگر در ارتباط باشند.

- تعریف داستان‌هایی که در آن داستان‌ها از دوستی و چگونگی بازی کردن بچه‌ها باهم، تقسیم اسباب‌بازی‌ها و رعایت نوبت گفته شود.

- برقراری عدالت و برابری در خانه و برحق شمردن حق برای همهٔ اعضاء خانواده، به‌طور مثال اگر سه عدد کیک شکلاتی در خانه داریم، یکی برای شما یکی برای همسرتان و یکی برای کودکتان و کودک شما کیک خود را خورده است و کیک شما را طلب کند، به او حتی بااینکه به کیک میل ندارید، کیک خود را ندهید. باید یاد بگیرد به حق دیگران احترام بگذارد.

- در خانه نقش‌هایی و نمایشک‌هایی بازی کنید که بچه یاد بگیرند نوبت را رعایت کند و اسباب‌بازی‌هایشان را تقسیم کند. مثلاً این نمایش را بازی کنید که شما کودک شوید و همسرتان یک کودک دیگر و فرزندتان هم مادر شما و پارک رفته‌اید، شما و همسرتان می‌خواهید باهم تاب بخورید و به‌نوبت یکدیگر احترام می‌گذارید.

- وقتی بیرون خانه می‌روید در مورد احساسات دیگران با فرزندتان صحبت کنید تا همدردی با غیر از نزدیکان را یاد بگیرد، فرض کنید کودکی گریه می‌کند از فرزندتان بپرسید: **"ببین آن بچه دارد گریه می‌کند؟ فکر می‌کنی چرا گریه می‌کند؟"**

- اگر خواهر یا برادر بزرگ‌تر در خانه دارد به‌هیچ‌وجه به خاطر کوچک‌تر بودن فرزندتان، حق را از فرزند بزرگ‌ترتان نگیرید و به کوچک‌تر بدهید، این موضوع را بارها دیده‌ام که مادر یا پدر به فرزند بزرگ‌تر می‌گویند: **"تو بزرگ‌تری! بیشتر می‌فهمی! لطفاً بلند شو تا او بنشیند"** این‌یک بی‌انصافی در حق هردوی آن‌هاست.

- **یک اقتدار مثبت، مهربانانه و مصمم که به او احساس کرامت دهد.**

وقتی کودک ما کوچک است، بسیار دوست دارد که کارهای پدر، مادر و یا کسانی که با آن‌ها زندگی می‌کند را تقلید کند و رفتار آن‌ها را سرمشق خود قرار دهد. دوست دارد که مانند ما جارو را روی زمین بکشد، دکمه آسانسور را بزند. او روزبه‌روز توانایی‌هایش بیشتر می‌شود ما می‌توانیم از لحظه‌لحظه زندگی با او استفاده کنیم، به او یاد بدهیم و فرصت دهیم که چطور باکفایت و با اعتمادبه‌نفس بار بیاید. زمانی که کاری را می‌خواهد انجام دهد، حوصله به خرج دهیم، همان‌طور که در فصل اول گفتم زمان‌بندی‌ها مثل قبل نخواهد بود، شاید یک روز صبح برای رفتن سرکار، کافی بود ۲ ساعت زودتر از خواب بیدار می‌شدیم اما اکنون‌که کودک دوساله‌مان را نیز باید آماده کنیم تا به مهدکودک برود، شاید یک ساعت زمان بیشتری نیاز داریم که او می‌خواهد خودش کفشش را بپوشد و خودش دکمه آسانسور را بزند، خودش از صندلی غذا بالا برود و برای خداحافظی از ما زمان رفتن به مهدکودک، نیاز به ۵ دقیقه زمان دارد؛ اما یک مادر و پدر کامل می‌دانند که آن زمانی که قرار است از بعضی از فعالیت‌های خود کم کرده و به فرزندشان اختصاص دهند، یک سرمایه‌گذاری دائمی است، برای اینکه فرزندی با اعتمادبه‌نفس و باکرامت بالا پرورش دهند که می‌تواند برای سرنوشت خود تصمیمات خوبی بگیرد.

در فصل بعد، به اینکه چگونه یک پدر و مادر بااقتدار مثبت باشیم می‌پردازیم، اما قبل از آن به یک نیاز اساسی دیگر باید بپردازیم.

بخش سوم – اقتدار مثبت

دل‌بستگی ایمن

نوزادان درحالی‌که برای بقای خود به والدینشان وابسته‌اند، پای به این جهان می‌گذارند. در آغاز اغلب مادر به نوزاد غذا و احساس آرامش می‌دهد و نوزاد یک دل‌بستگی اولیه نسبت به مادر پیدا می‌کند که این احساس دل‌بستگی به او احساس امنیت می‌دهد. برای نوزاد، داشتن یک مراقب که با دقت از او مراقبت کند، کسی که بتواند نیازهای کودک را تشخیص بدهد و به آن‌ها پاسخ بدهد، یک احساس ایمنی به او می‌دهد، این احساس از تجربه‌های مکرر نوزاد ساخته می‌شود. این احساس را جان باولبی [1] **پایه امن** یا **دل‌بستگی امن** [2] نامید.

وجود یک دل‌بستگی امن بین والد و فرزند می‌تواند در شکل دادن بـه تعامل کودک با کودکان دیگر، حس امنیت آن‌ها برای کشف جهان، تاب‌آوری آن‌ها در برابر فشارهای روانی، توانایی آن‌ها

---

[1] پیشگام نظریه دل‌بستگی John Bowlby
[2] Scure attachment

وقتی به دنیا اومدی

برای متعادل کردن هیجاناتشان و توانایی آن‌ها در آفریدن روابط بین فردی معنادار در آینده، کمک کند.

> **دلبستگی سالم و امن در سال‌های ابتدایی زندگی ساخته می شود.**

به داستان سارا ۴ ماهه و پدرش گوش کنید:

باوجوداینکه مادربزرگ سارا بسیار مریض است و مادر سارا مجبور است بعضی از شب‌ها از پیش دختر ۴ ماهه‌اش، برای کمک، نزد مادرش برود، اما به خاطر رفتار حمایتی که پدر سارا دارد و آرامشی که در خانه سارا وجود دارد، سارا با یک دلبستگی ایمن و سالم بزرگ می‌شود. امشب هم پدر که از سرکار آمد، مادر سارا مجبور شد برای پرستاری از مادرش بیرون برود، دو ساعت بعد زمانی که پدر سارا در حال استراحت و خواندن روزنامه بود، صدای نق‌نق سارا بلند شد. پدر بلافاصله روزنامه را رها کرد و بالای سر سارا رفت، او را با ملایمت از جایش بلند کرد و درحالی‌که صورتش حاکی از عشق و مهربانی بود و در تمام زبان بدن او، احساس اشتیاق به کمک کردن مشخص بود، به دختر کوچکش که با صدای کمتری هنوز گریه می‌کرد گفت: "چه شده کوچولوی عزیز من؟ می‌خواهی پدر با تو بازی کند؟ اوه فهمیدم شرط می‌بندم گرسنه هستی، سعی می‌کنی این را به من بگویی."

سارا را با خود به آشپزخانه برد و درحالی‌که با او حرف می‌زد، برایش شیر درست کرد، به او در مورد اینکه شیر تقریباً آماده است و او به‌زودی خواهد خورد صحبت می‌کرد. زمانی که شیر آماده شد گرمای آن را تست کرد و به‌آرامی در دهان او قرارداد و سارا به‌صورت پدر خیره شد و از شیر گرم

همراه با تعامل گرم پدرش لذت برد، او بسیار راضی بود و احساس خوبی داشت. پدر پیام‌های ناراحتی او را به‌خوبی درک کرده و توانسته بود به شیوه مؤثر به آن پاسخ دهد.

این اتفاقات کوچک وقتی به‌طور مکرر تکرار شوند، کودک یاد می‌گیرد که آنچه درون او احساس می‌شود، توسط مادر و پدر درک می‌شود و مورد احترام و پاسخ قرار می‌گیرد. او احساس می‌کند که می‌تواند با موفقیت بر جهان اطراف خود تأثیر بگذارد.

در این حالت دل‌بستگی ایمن در حال شکل‌گیری است.

وقتی به دنیا اومدی

تعریف دلبستگی:

دلبستگی پیوند عاطفی عمیقی است که با افراد خاصی در زندگی خود داریم که باعث می‌شود وقتی با آن‌ها تعامل می‌کنیم لذت ببریم و در مواقع استرس، از نزدیکی با آن‌ها احساس آرامش می‌کنیم. دلبستگی در کودک نیز از همین تعاریف برخوردار است.

چگونه دلبستگی ایمن ایجاد کنیم:

۱- واکنش زمان گریه کردن:

هنگامی‌که نوزاد گریه می‌کند، مادر یا پدر باید به‌سرعت به سراغ او بروند، گریه کودک یک علامت مشخص است. گریه فریاد پریشانی است، هنگامی‌که نوزاد درد می‌کشد، گرسنه است یا می‌ترسد گریه می‌کند.

در هنگام گریه، مادر باید با نوزاد همدلی نشان دهد و با جملات محبت‌آمیز او را آرام کند و نباید واکنش معکوس نشان دهد. در ضمن والدینی که در هنگام گریه نوزاد مضطرب می‌شوند و به‌اصطلاح دست‌وپایشان را گم می‌کنند، باعث انتقال این اضطراب به نوزاد و شدیدتر شدن گریه‌ی او می‌شوند. هنگام گریه، نشان دادن علائم اضطرابی و دستپاچه شدن امنیت کودک را به هم می‌زند.

گریه کودک یک واکنش غیرارادی است، زیرا نوزادان قادر به صحبت کردن و بیان خواسته‌های خود نیستند و تنها راه بیان خواسته‌ها و نیازها که دیگران را وادار به کمک کردن به نوزاد می‌کند، گریه کردن است.

والدین بخصوص مادران بهتر است زبان گریه کردن نوزاد را یاد بگیرند زیرا نوزادان برای نشان دادن انواع نیازها از انواع مختلف گریه کردن استفاده می‌کنند.

نوزادان گریه‌ای برای نشان دادن گرسنگی و گریه‌ای برای نشان دادن درد و گریه‌ای برای نشان دادن خستگی دارند. اکثر والدین می‌توانند گریه نوزاد خود را از گریه سایر نوزادان تشخیص دهد گاهی از گریه آن‌ها می‌توان به بعضی از مشکلات و بیماری‌ها پی برد به‌طور مثال گریه نوزادی که دچار ناهنجاری‌های مغزی است نسبت به گریه نوزاد سالم کوتاه‌تر و ناموزون‌تر است. همین‌طور

نوزادانی که سوءتغذیه دارند گریه‌هایی با صدای اولیه‌ی طولانی‌تر و تن بالاتر دارند اگرچه تنها با سنجیدن نوع گریه کردن نمی‌توان درباره‌ی مشکل نوزاد نتیجه‌گیری کرد و تصمیم‌گیری در این زمینه نیاز به بررسی‌های بیشتر دارد.

۲- لبخند زدن:

در نوزادان لبخند نشانه حیات است و مادری که به فرزند لبخند نمی‌زند شوق حیات را از او می‌گیرد و دلبستگی در کودک کُشته می‌شود. از نظر **جان بالبی نظریه**، لبخند به علت اینکه مراقب را به کودک نزدیک می‌کند، باعث ایجاد دلبستگی در کودک می‌شود. نوزادان تقریباً از سه‌ماهگی، بیشتر با دیدن یک محرک نسبتاً مشخص دیداری لبخند می‌زنند و شرط اصلی این است که صورت مادر به طور کامل یا از روبرو ارائه شود. نشان دادن نیم‌رخ به کودک و همین‌طور صدا یا نوازش تأثیر کمتری دارد؛ بنابراین بسیار مهم است به منظور ایجاد دلبستگی در کودک، مادر با کودک ارتباط چهره به چهره داشته باشد و درحالی‌که به چشم‌های نوزاد نگاه می‌کند لبخند بزند.

۳- تقلید آوا گری:

هنگامی‌که نوزاد شروع به درآوردن صداها و آواها می‌کند، مادر نیز هم‌زمان باید به تقلید صدای او بپردازد. این تقلید باعث می‌شود، نوزاد حس کند که شنیده، دیده و درک می‌شود.

۴- جهت‌یابی چشمی:

هنگامی‌که نوزاد با چشم حرکات اشیا را دنبال می‌کند مادر باید به تقلید از او حرکات چشم او را دنبال کند. در هجده ماه اول بیشتر یادگیری نوزاد از طریق تقلید است بنابراین باید تقلید را انجام دهیم.

والدین مخصوصاً مادران باید توجه کنند که در تمامی رفتارهای نوزادان، پاسخگویی سریع الزامی است. تا هیچ خللی در رشد دلبستگی در کودک ایجاد نشود.

وقتی به دنیا اومدی

مطابق تحقیقات دستیار بالبی، دکتر **اسپیتز**[1] درصورتی‌که کودک به‌طور مداوم عشق و علاقه مادر را دریافت نکند حتی واکنش‌های بسیار طبیعی عاطفی او نیز به‌موقع بروز نمی‌کند برای مثال:

در فاصله‌ی سنی سه تا شش‌ماهگی واکنش طبیعی خنده در کودک دیده می‌شود اما اگر فعالیت‌های مادرانه ناکافی باشد این واکنش طبیعی نیز بروز نمی‌کند و یا دیرتر بروز می‌کند. تحقیقات دکتر **مارگارت ریبل**[2] نشان می‌دهد که واکنش کودکان نسبت به توجه ناکافی مادر به‌صورت پریدگی رنگ و از دست دادن شادابی طبیعی، تنفس نامنظم و حتی ناراحتی‌های معده و روده که منجر به اسهال و استفراغ در کودک می‌شود ظاهر می‌گردد. نتیجه تمام این بی‌توجهی‌ها ایجاد نقصان در بروز دلبستگی در کودک می‌باشد.

با توجه به تحقیقات، کودک باید در یک دوره‌ی طولانی، محبت مادرانه کافی و باثبات را تجربه کند. تظاهر به رفتار مادرانه کافی نیست، کودک نیاز به دریافت محبت واقعی و عمیق مادر یا جانشین مادر دارد تا بتواند مراحل رشد را به‌طور طبیعی طی کند و مادر باید عشق و علاقه خود را به او ابراز کند تا خِلَلی در رشد دلبستگی در کودک ایجاد نشود.

نکته بسیار مهم اینجاست که همه مادرها و پدرها به نیازهای فرزندانشان پاسخ می‌دهند اگر این‌گونه نبود که هزاران نوزاد در روز از گرسنگی می‌مردند! اما تفاوت در شیوه برآورده کردن نیاز می‌تواند در نوع رفتار کودک در بزرگسالی و شکل‌گیری شخصیت او مؤثر باشد. بدین معنا که بسیاری از ما برای فرزندانمان شرایطی را می‌سازیم که دلبستگی ساخته می‌شود اما یک دلبستگی ناایمن.

برای اینکه ببینید دلبستگی ناایمن چگونه ساخته می‌شود، مثال بالا را کمی تغییر می‌دهیم:

با گریه سارا، پدرش سرش را از روزنامه بلند می‌کند ولی قبل از اینکه سراغ کودک برود دوباره به مطلب روزنامه بازمی‌گردد.

---

[1] René Spitz
[2] Dr. Margaret Ribble, the author of "The Rights of Infants,"

(نوزادان معمولاً با گریه‌های ناپیوسته و شبیه به نق زدن گرسنگی خود را اعلام می‌کنند و اگر پاسخی نگیرند شروع به گریه‌های پیوسته‌تر کرده و سپس صدای خود را بلندتر و بلندتر می‌کنند.)

در حالت اول پدر سارا با کوچک‌ترین نق‌نق او از جا بلند می‌شود، این نکته در اینجا قابل‌گفتن است که اگر قبل از اینکه ناله‌ها به گریه‌های بلند و پیوسته تبدیل شود به نزد کودک بروید کودک شما صبورتر می‌شود و در آینده بیشتر برای درخواست‌هایش نق‌نق می‌کند تا گریه‌ها بلند و زمان طولانی‌تری را نق‌نق می‌کند.

به مثال دوم بازگردیم:

*پدر سارا از اینکه سارا در حال خواندن مطلب مهم در روزنامه، بی‌موقع به گریه افتاده است احساس عصبانیت می‌کند و دوباره به مطلب روزنامه بازمی‌گردد و باز سارا با صدای بلندتری گریه را سر می‌دهد؛ پدر روزنامه را به کناری پرت می‌کند و به سراغ سارا می‌رود و او را از جا بلند می‌کند و می‌گوید: **"این کولی‌بازی‌ها چیست؟"** و در فکرش به نظرش می‌رسد شاید پوشکش را کثیف کرده و در کمال سکوت پوشک او را عوض می‌کند درحالی‌که هنوز به مطلب روزنامه و اتفاقی که امروز در شرکت افتاده است فکر می‌کند و به همین دلیل در چشمان سارا نگاه نمی‌کند و سارا را دوباره در گهواره می‌گذارد اما سارا دوباره گریه را سر می‌دهد پدر به بالای سر او می‌رود، با خود می‌گویید: **"آخ سارای قشنگ من چی شده "** بعد به یاد می‌آورد که او ساعت‌هاست که شیر نخورده است به آشپزخانه می‌رود و شیر را درست می‌کند و چون صدای گریه سارا بلندتر و بلندتر می‌شود و گاهی به سرفه می‌افتد دستپاچه می‌شود و شیر را سردتر از دمای موردنظر آماده می‌کند به اتاق بازمی‌گردد، درحالی‌که سارا را به اتاق پذیرایی می‌برد شیشه شیر را در دهان سارا می‌گذارد و در دلش می‌گوید **"این بچه از گرسنگی چقدر گریه کرد و مادر بی‌فکرش او را به امان خدا ول کرده و رفته است "** با بچه حرفی نمی‌زند و همان‌طوری که سارا شیر می‌خورد به خواندن روزنامه ادامه می‌دهد...*

وقتی به دنیا اومدی

در اینجا کودک یاد می‌گیرد که پدر پیام‌های او را به‌درستی درک نمی‌کند و نمی‌تواند آن را به‌خوبی پاسخ دهد و به نشانه‌های کودک توجه نمی‌کند و چون احساس خوبی در زبان بدن پدر نمی‌گیرد، فکر می‌کند که در دنیا نه‌تنها نمی‌تواند تغییری ایجاد کند بلکه باعث زحمت هم می‌شود و وجود او در این دنیا مهم نیست. اگرچه که پدر به نیاز او بالاخره پاسخ داد، اما به علت اینکه فکرش مشغول چیزهای دیگری بود، هم دیر پاسخ داد و هم احساسی در این تأمل وجود نداشت، در ضمن شیر هم بسیار سرد است، نه اینکه پدر سارا او را دوست ندارد بلکه بسیار دوستش دارد اما نمی‌داند که مسئله اصلی سیر کردن شکم سارا نیست، چگونگی این رفع نیاز باعث می‌شود که شخصیت سارا شکل بگیرد.

در این مثال زمانی که این نوع ارتباط به‌صورت مکرر از طرف پدر و مادر تکرار شود باعث می‌شود که کودک نسبت به دنیا و انسان‌ها نامطمئن بشود. این کودک با حس کم‌ارزشی که با خودخواهی همراه است[1]. مرتباً با کودکان دیگر دعوایش می‌شود و در ارتباط با بزرگ‌ترها هم رفتارهای پرخاشگرانه و لجبازانه خواهد داشت. در این زمان است که مادرها و پدرها از خود می‌پرسند:

"چرا کودک من همیشه دردسرساز و یا لجباز است؟"

---

[1]- زمانی که انسان عزت‌نفس پایینی دارد در ارتباط با دیگران به خود و دیگران ارزش نمی‌دهد و باعث می‌شود حس کند که دیگران از او سوءاستفاده می‌کنند و باعث رفتارهای خودخواهانه می‌شود، برای اطلاعات بیشتر به مقاله عزت‌نفس در وب‌سایت فرزندراه مراجعه کنید.

با توجه به مطالب بالا باید بگویم دلیل آن، تنها نبود یا کمبود یک دل‌بستگی ایمن است و در این مـورد خلق‌وخو و ذات کودک تأثیر چندانی ندارد.

در مثال بالا از پدر استفاده کردیم چون در خانواده‌های جدید ایرانی پدرها بیشتر از قبل در پرورش نوزادان همکاری دارند اما این نوع رفتارها می‌تواند از طرف مادر هم باشد و به علت مشغله‌های فکری زیاد و یا وجود کودک یا کودکان دیگر مادر و یا پدر و یا هر دو در رسیدگی به نوزاد از روش دوم یا دل‌بستگی ناایمن در بیشتر مواقع استفاده کنند.

وجود دست‌کم یک دل‌بستگی ایمن برای کودک ضروری است.

البته که اگر تمام اطرافیان کودک باحوصله و تمرکز، با روش اول با کودک ارتباط بگیرند بسیار عالی است، چه‌بسا در خانواده‌هایی که مادر و پدر هر دو کار می‌کنند و مادربزرگ از کودک مراقبت می‌کند و مادربزرگ‌ها و پدربزرگ‌ها که معمولاً دل‌بستگی ایمن ایجاد می‌کنند و همین‌طور مادر و پدر نیز در زمان‌هایی که با کودک هستند این دل‌بستگی را ایجاد می‌کنند و کودک در محیطی آرام، مطمئن و جایی که درک می‌شود پرورش می‌یابد.

انواع دیگر دل‌بستگی‌های ناایمن:

- در مواردی کودک در محیطی پرورش می‌یابد که یکی از والدین با دل‌بستگی ایمن و دیگری دل‌بستگی ناایمن رفتار می‌کنند و یا یکی از والدین زمانی که حوصله دارد با توجه کامل، زبان قلب و بدن شرایط دل‌بستگی امن را فراهم می‌کند و زمانی که گرفتار است شرایط دل‌بستگی ناایمن را فراهم می‌آورد. در هر دو صورت کودک باحالت دوگانگی و دودلی بزرگ می‌شود. مدام در تردید است که آیا وجود او برای در دنیا مهم است یا خیر. او توانایی تصمیم‌گیری دارد یا ندارد. این‌گونه است که افراد بی‌اراده پرورش می‌یابند.

- این حالت گاهی برای مادرانی که بدون برنامه‌ریزی و ناخواسته بچه‌دار شده‌اند و یا بانوان جوانی که بار اول است بچه‌دار می‌شوند و اضطراب دارند که از پس این مسئولیت برنیاید، نیز ممکن است رخ دهد، در مواردی که پدر و مادر در کودکی شرایط بسیار سختی داشته‌اند و یا از طرف پدر یا مادر خود یک دل‌بستگی ایمن را دریافت نکرده‌اند، همیشه این استرس را دارند که فرزندشان مانند آن‌ها نشود. ممکن است این استرس روی روابط و درک آن‌ها از نیاز کودک تأثیر بگذارد. در این صورت اضطراب مادر باعث این می‌شود که کودک مرتباً گریه کند.

به این نوع دلبستگی ها، دلبستگی آشفته می گویند.

به این داستان واقعی توجه کنید:

بخش سوم – اقتدار مثبت

مهیار اکنون ۲۳ سال دارد، زمانی که با هیجان بسیار شدید مواجه می‌شود، نمی‌تواند به‌خوبی خود را کنترل کند و با فشارهای روانی روبرو می‌شود، از اینکه دوستان صمیمی داشته باشد تردید دارد و در روابطش با آدم‌ها، انسانی غیرقابل اطمینان است. حتی با دختری در دانشگاه آشنا شد و بعد از چند بار که باهم دیدار داشتند او دیگر جواب تلفن‌های دختر را نداد، چون از ادامه رابطه ترسیده بود!

مهیار با یک دل‌بستگی آشفته بزرگ‌شده بود و دلیلش این بود پدربزرگ مهیار (پدر مادرش) معتاد به هروئین بود و مادر مهیار که مریم نام دارد و تمام کودکی اش را در خانه‌ای بزرگ شده بوده که همیشه دعوا، کتک، کش مکش بوده و سرانجامش طلاق و ناتوانی مادر مریم در سیر کردن شکم بچه‌هایش بوده است. بااینکه مریم از ۱۶ سالگی نزد دایی‌اش بزرگ شده بود و موفق شده بود به دانشگاه برود و ازدواج کند اما او بهر حال با یک شرایط بحرانی بزرگ شده بود و قبل از اینکه فرصت کند با راه‌های موجود از طریق مشاوره و علم روانشناسی اضطراب و نگرانی‌های موجود در بچگی‌اش را حل کند، مهیار را باردار می‌شود.

زمانی که مهیار بسیار کوچک بود، مریم با صدای گریه او به استرس می‌افتاد و افکارش به دنیای کودکی خودش می‌رفت، زمانی که پدرش خمار به خانه می‌آمد و مادرِ مریم را کتک می‌زد و خواهر کوچک‌تر او گریه می‌کرد. مریم زمانی که مهیار برای گرسنگی یا درد کولیک گریه می‌کرد، چنان استرسی می‌گرفت که این استرس را به مهیار انتقال می‌داد و باعث می‌شد او بیشتر گریه کند. مریم از روزهایی که مهیار ۳ ماهه بود تعریف می‌کرد که یک روز عصر که مهیار به دلیل دل‌دردهای کولیک گریه سختی می‌کرد، او را بغل کرد و به آشپزخانه برد و چون گریه‌های مهیار او را به یاد گریه‌های کودکی خودش و خواهرش می‌انداخت، مریم همان‌طور که در آشپزخانه مهیار را در آغوشش تکان می‌داد، به نقطه‌ای خیره شده بود و به یاد روزی افتاد که پدرش به سمت او حمله کرد و گردنبند از گردن او را درآورد و او را کتک زده بود، مریم بسیار ترسیده بود و بازویش به خاطر فشار دست پدر سیاه شده بود، مریم ناگهان به خود می‌آید و می‌بیند مهیار گریه می‌کند، شیر مهیار را آماده می‌کند اما از استرس دستش می‌لرزد و شیر از دستش می‌افتد و کف آشپزخانه پر از شیر می‌شود و این به استرسش بیشتر می‌افزاید و او شیشه دیگری را پر می‌کند و در دهان مهیار می‌گذارد، مهیار شیر را پس میزند چون اصلاً گرسنه نیست و مادر تازه به یاد می‌آورد که یک ساعت پیش به او شیر داده است و شروع می‌کند او را راه بردن و شکمش را ماساژ دادن، مهیار کمی آرام می‌شود. دوباره مریم روزی را به یاد می‌آورد که پدرش فهمیده بود مادرش تقاضای طلاق

۸۵

وقتی به دنیا اومدی

کرده است و نعره‌زنان به خانه آمده بود مریم از ترس کتک خوردن، خواهر کوچکش را بغل کرده بود و در کمد لباسی پنهان‌شده بودند و او جلو دهان خواهرش را محکم می‌گرفت که گریه نکند و ناگهان با صدای گریه مهیار به دنیای خود برگشت و دید که بجای اینکه با آرامش با مهیار ارتباط بگیرد دارد، مهیار را زیادی در آغوشش فشار می‌دهد و این واکنش غیرارادی باعث گریه و ناراحتی بیشتر مهیار می‌شد.

مریم مادر خوبی است تنها اضطرابش باعث شد که نتواند مهیار را با دل‌بستگی ایمن بزرگ کند، بهتر بود که ابتدا مشکلات خود را حل‌وفصل می‌کرد و با گذشته خود کنار می‌آمد.

حال ما می‌دانیم که چه رفتارهایی می‌تواند این دل‌بستگی ایمن را برای نوزادمان ایجاد کند و یا از او دریغ کند! از این مثال‌ها آموختیم که چگونه یک دل‌بستگی ایمن برای کودک خود ایجاد کنیم و اگر مشکلی در زندگی و یا از گذشته خود داریم قبل از آنکه آن مشکل روی آینده کودکمان تأثیر بگذارد، آن را در خودمان حل کنیم و با آن کنار بیاییم و این مهم هم به ما و هم به بهبود ارتباط با اطرافیانمان کمک می‌کند.

کودک لوس نمی‌خواهم:

دانستن تفاوت بین وابستگی و دل‌بستگی ایمن بسیار مهم است، اگرچه که آنچه والدین به نام لوس شدن بچه می‌نامند و از آن می‌ترسند، با توجه و مهربانی کردن به کودک در ۳ سال اول زندگی به‌هیچ‌وجه اتفاق نمی‌افتد و هرگز به والدین توصیه نمی‌شود که توجه را کم کنند که کودکان لوس نشوند.

اما ایجاد عادت‌ها و وابستگی‌های دردسرساز، تماماً به خاطر بعضی از تصمیم‌گیری‌های نادرست و یا بدون بررسی والدین است.

همانطورکه قبلاً به آن اشاره شد، بین نیازها و تقاضاهای نوزادان تفاوت وجود دارد. اینکه یک نوزاد تازه به دنیا آمده هر یک و نیم تا ۳ ساعت باید شیر بخورد[۱]، یک نیاز است که باید بلافاصله با مهربانی پاسخ داده شود، بعضی از مادران منتظر نمی‌نشینند که کودک گریه کند با همان نق‌ها و نشانه‌های اولیه با مهربانی، توأم با صحبت کردن و نگاه کردن به کودک، او را سیر می‌کنند این‌یک دل‌بستگی ایمن می‌سازد و نه‌تنها نوزاد لوس نمی‌شود بلکه صبورتر هم می‌شود؛ اما اینکه کودک انتظار داشته باشد که سینه مادر مرتباً شب تا صبح در دهان کودک باشد و هر زمان که کودک خواست جرعه‌ای بنوشد و هر زمان که خواست بخوابد این‌یک خواسته است که اگر مادر به آن تن بدهد باید انتظار داشته باشد که مدت‌ها این شرایط ادامه می‌یابد و زمینه ایست برای خواسته‌های دیگر و البته شروعی است برای لوس شدن بچه!

رسیدگی به همه خواسته‌ها باعث می‌شود مادر یا پدر یا هر دو از آن شرایط خسته شوند و از والدگری خود لذت نبرند.

در اینجاست که باید بدانیم با خواسته‌ها چه کنیم:

به مثال‌هایی از خواسته‌های غیرمنطقی کودکان صفر تا سه‌ساله توجه کنید:

۱- راه بردن برای خوابیدن در بغل یا کالسکه و یا با ماشین.
۲- شب تا صبح در تخت مادر خوابیدن.
۳- غذا را در صندلی غذا نخوردن.
۴- جلو تلویزیون خوابیدن.
۵ - بغل کردن مدام کودک.
۶ - گاز گرفتن سینه مادر و یا بدن مادر و نزدیکان.

کودکان بسیار سریع با شرایطی که مادر و پدر برایشان فراهم می‌کنند عادت می‌کنند. آن‌ها از ابتدا نمی‌دانند که می‌شود در تخت مادر خوابید و یا در کالسکه چرخید تا خوابید.

---

[۱] – فواصل شیر خوردن، ساعت بستگی به نوع شیرکه شیر خشک یا شیر مادر باشد و وزن کودک دارد.

چه زمانی به خواسته‌ها، جواب مثبت دهیم؟

۱-زمانی که بدانیم انجام یک‌بار خواسته ممکن است همیشگی شود و به تمام عواقب خوب و بد آن و شرایط آینده آن کاملاً آگاه باشیم.

مثال: بعضی از پدرها و مادرها دوست دارند که کودک در تخت آن‌ها بخوابد. اگر هم پدر و هم مادر راضی باشند و بدانند این عادت ممکن است تا ۸ سالگی و حتی بیشتر ادامه پیدا کند.

بدانند که خطراتی مانند خفگی کودک و یا مشکلات بد شکل‌گیری ستون فقرات برای نوزاد وجود دارد و برای آن راهکار پیدا کنند.

بدانند که کودک دیگری اگر دارند شرایط حسادت ممکن است پیش بیاید. بدانند که نوزاد همیشه آرام نیست و کمی که بزرگ شد بسیار بیشتر از یک بزرگ‌سال تکان می‌خورد و آرامش را از آنان می‌گیرد و ممکن است باعث کم شدن میل جنسی و صمیمیت بین زن و شوهر شود.

با دانسته به این‌ها اگر بخواهید در یک تخت بخوابید، این خواسته می‌تواند انجام شود.

۲- اگر خواسته از نظر همه اعضای خانواده امکان‌پذیر و موردقبول همه باشد می‌توان آن را اجرا کرد. فرض کنید مادر فقط بخواهد کودک در تخت بخوابد و پدر راضی نباشد، نباید این خواسته را اجرا کرد.

۳- خواسته کودک از سر عجز، ناتوانی و یا خسته شدن از اجرای قانون از طرف مادر یا پدر نباشد. بچه‌ها همان‌گونه که گفتم با خلق‌وخوهای متفاوت به دنیا می‌آیند و کنار آمدن با شرایط برای یکی سریع‌تر و برای یکی دیرتر است. زمانی که نوزادی داریم که برای خوابیدن نیاز به صبر بیشتری دارد، مادر ممکن است خسته شود و تصمیم بگیرد فقط یک‌شب او را بغل کند و راه ببرد و این باج دادن است. زمانی که خواسته را به دلیل سرسختی کودکمان قبول کردیم، کودک ما یاد می‌گیرد که خواسته‌ها با سرسختی قابل دستیابی است.

یک مادر مهربان، آرام و مصمم یک هفته به کودک خود وقت می‌دهد که به او یاد دهد که خودش بخوابد اگر شده بارها او را بغل می‌کند آرام می‌کند و دوباره در تختش می‌گذارد و فواصل را بیشتر

می‌کند کودک اگر همه نیازهایش برطرف بشود اگر برای رسیدن به خواسته کمی گریه کند اشکالی ندارد.

مادر بعد از چند دقیقه گریه به نزد او می‌رود با او حرف می‌زند می‌گویید می‌دانم می‌خواهی تو را راه ببرم با او همدردی می‌کند او را بغل می‌کند، می‌بوسد و در سر جایش می‌گذارد و بیرون می‌رود، کودک دوباره گریه می‌کند مادر این بار بیشتر صبر می‌کند و بعد از ۱۰ دقیقه می‌رود و همان کار را می‌کند دفعه بعد ۱۵ دقیقه اما اگر شکم بچه سیر باشد در طول روز به‌اندازه کافی با مادر ارتباط داشته باشد و نیازهای عاطفی‌اش سیراب باشد، به‌اندازه کافی خسته باشد (حمام یا آب‌بازی قبل خواب کرده باشد) بعد از چندین بار می‌فهمد که باید خودش بخوابد.

۴- مصمم بودن مادر و پدر در انجام قرارهایی که برای پرورش بچه می‌گذارند، یکپارچگی جواب‌هایی که به خواسته‌ها می‌دهند، گاهی اوقات تحمل کمی گریه و نارضایتی کودک، به آن‌ها کمک می‌کند که در طول مسیر کنترل در دستشان باشد و از فرزند پرورشان لذت ببرند.

کودکان نیز اگر در خانه ای باشند که قانون نداشته باشد احساس امنیت نمی کنند، این احساس امنیت برای آنها با محدودیت های منطقی ایجاد می شود.

آیا شما دوست دارید در شهری زندگی کنید که هرج‌ومرج است و یا در شهری که قوانین خوب و منطقی دارد؟ کدام‌یک بیشتر باعث می‌شود احساس آرامش کنید؟

خصوصیات یک دل‌بستگی ایمن:

وقتی به دنیا اومدی

شالوده یک ارتباط خوب که منتهی به دلبستگی ایمن می‌شود دارای ۳ خصوصیت است:

۱- **همسو بودن**: حالت درونی خود را باحالت درونی فرزندمان همسو و یک‌شکل کنیم که اغلب با پیام‌های غیرکلامی تحقق می‌یابد؛ مانند مادری که با دیدن صورت ناراحت نوزادش که درد شکم دارد صورت ناراحت به خود می‌گیرد.

۲- **تعادل داشتن**: تعادل به معنی یکپارچگی در رفتارهای پدر و مادر است و اینکه کودک هر بار، یک رفتار متفاوت نبیند.

۳- **پیوستگی**: این دلبستگی باید دائمی باشد و حس انسجام داشته باشد.

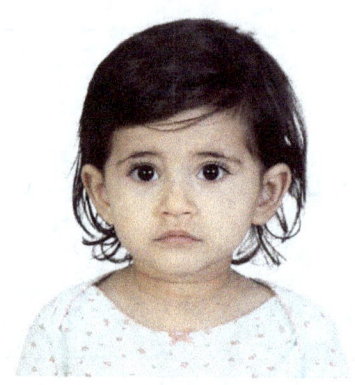

خلاصه آنچه در این بخش آموختیم:

- در این بخش با متد **اقتدار مثبت** آشنا شدیم، یک مادر و یا پدر با اقتدار مثبت همیشه در تأمل با فرزندش سه خصوصیت را داراست: **مهربان، آرام، مصمم.**

- آجرهای اقتدار مثبت در درجه اول یادگیری و آموزش احترام به کودک، درک رفتارهای کودک، ارتباط مؤثر از طریق شنونده نوع سوم بودن، دیسیپلین و اقتدار مثبت بجای دیسیپلین منفی، تمرکز به پیدا کردن راه‌حل به‌جای تنبیه، دلگرمی دادن به کودک هستند.

– بچه‌ها وقتی احساس بهتری دارند، رفتار بهتری می‌کنند.

- در این بخش بیشتر در مورد نیازهای کودکان به احساس تعلق و مفید بودن و راه‌هایی که پدر و مادر می‌توانند این نیاز را برای کودکان برآورده کنند، صحبت شد و همچنین رسیدن بچه‌ها به احساس قدرت که یکی دیگر از نیازهای آن‌هاست.

- کودکان ما باید برای اینکه با دیگران ارتباط بهتری داشته باشند، روابط اجتماعی را آموزش ببینند با راهکارهایی که مادران و پدران می‌توانند به کار ببندند؛ مانند آموزش همدردی.

- یکی از مهم‌ترین مبحث‌های این کتاب بحث دل‌بستگی ایمن است که برای هر کودک یک نیاز حیاتی است. ما به‌عنوان والدین باید برای کودکمان یک دل‌بستگی ایمن بسازیم که نه آشفته و نه دوگانه باشد.

- تفاوت بین نیازها و خواسته‌ها را درک کنیم تا بتوانیم بااقتدار مثبت یک کودک مسئولیت‌پذیر پرورش دهیم.

وقتی به دنیا اومدی

تمرین‌های بخش سوم:

- به رفتـارهای نوزاد خود دقت کنید، آیا می‌توانید دلیل اصلی بعضـی از رفتارهای ناهنجار او را درک کنید؟ آن رفتارها بنویسید و دلیلی که به نظرتان می‌آید را نیز بنویسید؟

مثال:

رفتار: کودک ۲ ساله‌ام دوست دارد، همه‌چیز را پرت کند!
دلیل: نشان دادن قدرتش و اینکه صداهایی که از پرتاب اشیای مختلف بیرون می‌آید برایش جذاب است.

- نیازها و خواسته‌های منطقی و غیرمنطقی کودک من در یک روز چیست؟

- برای اینکه مهارت‌های اجتماعی فرزندم را افزایش دهم، چه اقداماتی انجام داده‌ام؟

- برای اینکه شنونده بهتری شوم چه اقداماتی را انجام می‌دهم؟

یادداشت ---------------

Baby
IT'S
cold
OUTSIDE

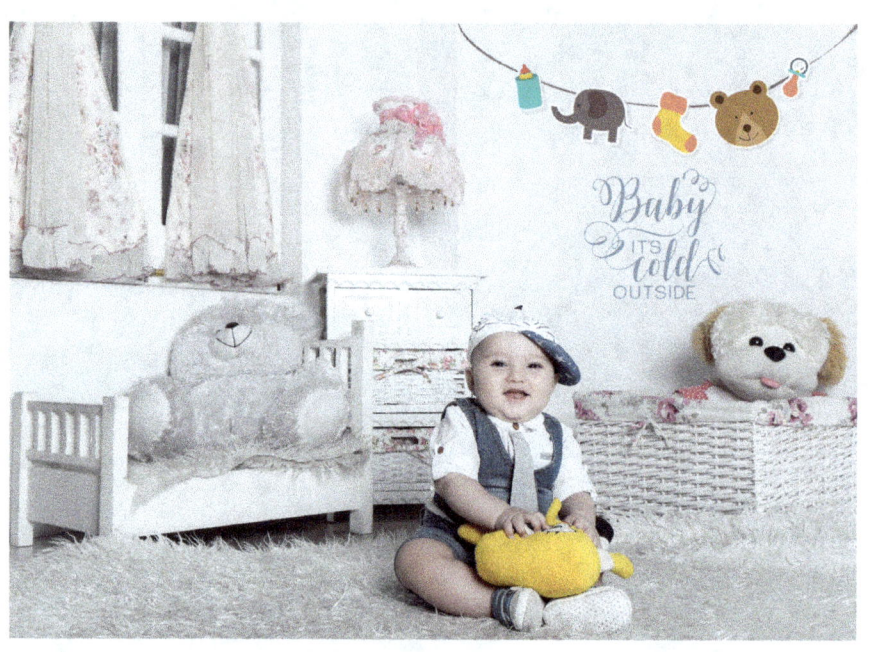

بخش چهارم

چگونه با اقتدار مثبت والد گری کنیم؟

کودک ما پروسه رشد و یادگیری را آغاز کرده است، در این دوران نوع رابطه ما، میزان احترامی که به کودک می‌گذاریم، مهربانی و مصمم بودن در رفتارمان بسیار مهم است. چون از بعد از سه‌ماهگی که آرام‌آرام برداشت کودک ما از خودش و دنیای اطرافش شکل می‌گیرد. آن رفتارهایی که ما به آن خلق‌وخوی اولیه می‌گفتیم با واکنش‌ها و رفتارهای متقابل ما می‌تواند ادامه پیدا کند و تشدید شود و یا به رفتاری و برداشتی دیگر تبدیل شود. کودکان در این سن مانند خمیربازی در دستان ما هستند و می‌توانیم کمک کنیم به نحو عالی شکل بگیرند.

همه ما می‌دانیم که سیستم تنبیه، فریاد، باج دادن و پاداش برای اینکه بتوانیم در کوتاه‌مدت به هدفی برسیم، جواب می‌دهد اما در بلندمدت نتیجه معکوس دارد. پس چگونه مادر و پدر مقتدری باشیم وقتی تنبیه و پاداش را استفاده نمی‌کنیم.

همیشه احساسی که پشت یک رفتار است از خود رفتار مهم‌تر است:

در ادامه این فصل ابزارهایی تازه ایی ارائه می‌شود که می‌توانیم به‌جای ابزارهای قدیمی بکار ببندیم تا به اهداف خود یعنی پرورش یک فرزند موفق و مستقل برسیم اما این نکته گفتنی است که اگر پدر و مادر از این ابزارها به‌عنوان ابزارهای **کنترل کودکان** بهره بگیرند نمی‌توانند نتیجه دلخواه را بگیرند. این ابزارها **اصول انگیزه بخشیدن** به فرزندانمان هستند که به کمک این اصول فرزندانمان بتوانند به بهترین خود دست بیابند. همیشه احساسی که پشت یک‌راه پرورشی هست، از خود آن مهم‌تر است.

قدم‌به‌قدم پیاده‌سازی اقتدار مثبت:

۱-اتصال قبل از اصلاح

قبل از آموزش به کودکان، با آن‌ها ارتباط برقرار کنیم چون همان‌طور که قبلاً گفتیم ایجاد احساس تعلق و مهم بودن به آن‌ها کمک می‌کند که بیشتر به دنیای اطرافشان اعتماد کنند.

اتصال و ارتباط باید چگونه باشد؟

این سؤال را از شرکت‌کنندگان یک سمینار پرسیدم و بسیاری از شرکت‌کنندگان می‌گفتند که برای ارتباط، بهترین راه، ابراز عشق است. مثل گفتن جمله‌ی: **"دوستت دارم "** و یا شبیه این جملات.

البته که این‌ها مهم است اما احساسی در پشت گفتن جمله دوستت دارم نهفته است، مهم‌تر است.

به‌طور مثال مادری را در نظر بگیرید که در فروشگاهی در حال خرید است و کودک نوپایش اصرار دارد که در آنجا جلوی قفسه اسباب‌بازی‌ها بمانند. درصورتی‌که مادر برای قرار ملاقات با دکتر باید به‌سرعت آنجا را ترک کند. مادر، کودک را علی‌رغم میلش بغل می‌کند و او شروع به گریه می‌کند. گریه و مخالفت‌هایش موقع سوارشدن به ماشین و عصبی شدن مادر و لجبازی‌های کودک و اجازه ندادن به مادر که کمربندش را بِبَندد و.... نهایتاً مادر هم دیرش می‌شود.

این داستان برایتان آشنا نیست. من به آن داستان **دعوا بر سر قدرت** می‌گویم. دلیل آن تنها ارتباط صحیح نداشتن با کودک در لحظه است. ما فقط به این فکر می‌کنیم که کودک آن کار را انجام ندهد. ما در آن لحظه خود را جای کودک نگذاشتیم.

اما در حالت اتصال قبل از اصلاح، مادر با **ذهن آگاهی** چند دقیقه زودتر به کنار کودکش می‌رود و درباره اسباب‌بازی که کودکش به آن خیره شده است، سؤالاتی می‌پرسد و می‌گویید: **"اینجا را خیلی دوست داری؟ می‌دانم که دوست داری بیشتر بمانیم، دفعه دیگر بیشتر می‌مانیم اما اکنون فقط وقت داریم دو بار تا ده بشماری و بعد باید ازاینجا برویم ......".**

من نمی گویم که کودک دیگرگریه نمی‌کند، شاید این کار را انجام دهد اما به‌طورقطع، اگر بداند که شما هم می‌دانید ترک آنجا چه فداکاری بزرگی است، راحت‌تر آرامش می گیرد.

۲- کودک را دربازی‌هایمان وارد کنیم:

کودکمان را در بسیاری از فعالیت‌های خانواده شریک کنیم. در سال اول کودک ما بسیار برای انجام کارهایش به ما وابسته است، اما باور نمی‌کنید، چقدر سریع یاد می‌گیرد که از صندلی بلند آشپزخانه بالا برود، درب اتاق را باز کند و راهی پیدا کند که نشان دهد چقدر تواناست و از این مسئله لذت می‌برد.

کودکانی که به‌اندازه کافی در خانه تصمیم‌گیری نمی‌کنند با بسیاری از انتخاب‌های ما مخالفت می‌کنند و متأسفانه پدرها و مادرها آن‌ها را کودکان خودرأی یا لجباز می‌نامند.

به یک روز خود توجه کنیم. بسیاری از انتخاب‌های روزمره را برای کودکان انجام می‌دهیم. لباس آن‌ها را انتخاب می‌کنیم، اینکه کی حمام کنند، با چه اسباب‌بازی‌هایی، بازی کنند؛ اما بهترین کار این است که مادران و پدران برای نوزادان حق انتخاب بگذارند، باکمی دقت به چهره نوزادان می‌توان فهمید که حوصله بازی دارند یا خسته هستند. احساس اینکه می‌توانند تصمیم‌گیری کنند به آن‌ها احساس قدرت می‌دهد و آن‌ها را تشویق می‌کند که فکر کنند که چه انتخابی برایشان بهتر است.

در مثال قبل که کودک نمی‌خواست از فروشگاه بیرون برود می‌توانیم به او این حق انتخاب را بدهیم و او را در کمک کردن به مادر شریک کنیم. مثلاً بعد از جملات همدردی بگوییم: **"می‌خواهی خودت دو بار تا ده بشماری یا من بشمارم؟"** و یا **"می‌خواهی کمک من تا ماشین بسته بیسکوییت را بیاوری و یا کلید ماشین را می‌آوری؟"**

این به کودک احساس مهم بودن می‌دهد و خود باعث می‌شود رنج جدا شدن از اسباب‌بازی کم شود.

تصمیم‌گیری‌هایی که به عهده کودک می‌گذاریم باید چگونه باشد؟

- انتخاب بین ۲ موضوع:

برای کودکان زیر ۳ سال، بهتر است به کودک اجازه دهیم بین دو گزینه، یکی را انتخاب کند؛ زیرا برای کودک در آن سن گیج‌کننده است که بخواهد بین همه کتاب‌ها و یا همه لباس‌ها یکی را انتخاب کند و همچنین او بسیار احساسی تصمیم می‌گیرد، ممکن است انتخاب اشتباهی کند. مثلاً انتخاب لباس تابستانی در روز سرد؛ اما مادر می‌تواند دو انتخـاب مناسب مانند دو عدد کاپشن را به او نشان دهد و از او بپرسد: **"کدام را می‌خواهی بپوشی؟"**

- اجازه تصمیم‌گیری‌هایی را به او دهیم که امکان‌پذیر هستند.

بسیاری از لحظات در روزمرگی هستند که ما می‌توانیم آن لحظات را به فرصت‌های انتخاب برای فرزندانمان تبدیل کنیم.

مثال: می‌خواهی بلوز آبی‌ات را بپوشـی یا قرمز را؟ و یا دوسـت داری با آسـانسـور یک طبقه را بالا بروی و یا با پله؟ در لیوان آبی‌رنگ شیر می‌خواهی یا سـبزرنگ؟ دوست داری با مداد رنگی نقاشی بکشی و یا مداد شمعی؟

بسیاری از این انتخاب‌ها تأثیری بر زندگی ما ندارد اما در زندگی فرزندمان حتماً دارد و صد البته که کودکی که انتخاباتی در روز بر عهده می‌گیرد، کمتر با مادر و پدر در موقعیت **دعوا بر سر قدرت** قرار می‌گیرد. هر چه کودکمان بیشتر با ما به مخالفت برمی‌خیزد، بهتر است انتخاب‌های بیشتری به او بدهیم.

- درخواست کمک از کودک:

کودک شما از یک‌سالگی معنی همدردی و کمک را درک می‌کند و می‌فهمد که این کار به او احساس خوبی می‌دهد، گاهی می‌توانیم از آن‌ها درخواست کمک کنیم. به‌جای اینکه بگوییم: **" برو سوار ماشین شو "** بگوییم: **" می‌توانی کلید ماشین را برای من بیاوری؟ "** و یا **"می‌توانی این قاشق‌ها را سر میز ببری؟"**

بخش چهارم – چگونه با اقتدار مثبت والدگری کنیم

با این روش بسیاری از جملات دستوری را می‌توانیم به درخواست کمک تبدیل کنیم و در بسیاری از مواقع ذهن کودک از انجام آن کاری که دوست ندارد انجام دهد و معمولاً با آن مخالفت می‌کند به سمت مسئولیتی می‌رود که باید انجام دهد.

مانند کودکی که از حمام کردن بیزار است، اما زمانی که از او می‌خواهیم برای بازی در حمام، چند اسباب‌بازی پیدا کند، یا از او می‌خواهیم برای ما رنگ حوله انتخاب کند، ذهنش به سمت انجام آن فعالیت می‌رود و دیگر بهانه حمام نرفتن را نمی‌گیرد.

نکته: کودکان در سنین زیر ۵ سال دوست دارند کارها را همیشه تکرار کنند، اگر از آن‌ها کمکی را می‌خواهیم، ممکن است در آینده بخواهند این مسئولیت را همیشه انجام دهند پس مسئولیت‌هایی را به آن‌ها واگذار کنیم که بتوانیم بار دیگر هم تکرار کنیم.

وقتی به دنیا اومدی

۳- مامان و بابا من روال روزانه می‌خواهم:

همان‌گونه که در فصل‌های قبل اشاره کردیم، کودکان از داشتن روال روزانه لذت می‌برند و احساس امنیت می‌کنند. این روال‌ها برای کارهای روزمره مثل خوابیدن، غذا خوردن و حمام کردن می‌تواند، رعایت شود. این رفتارها با تکرار و اعلام گفتاری آن توسط مادر و پدر با سرعت بالایی تبدیل به روال می‌شود. والدین برای بچه‌های ۲ سال به بالا می‌توانند فهرست‌هایی که با نقاشی کشیده شده تهیه کنند؛ مانند شکل مقابل: که روال کارهای قبل از خواب را نشان می‌دهد.

بچه‌ها سریع به روال‌ها عادت می‌کنند و از این روال‌ها لذت می‌برند و هرگاه روال‌ها به هم می‌خورد اعتراض می‌کنند، پیشنهاد خوب این است که مادر و پدر روال‌های خوب را تا آنجا که می‌توانند حفظ کنند اما کودک باید یاد بگیرد که شرایط استثناء هم وجود دارد و خودش را گاهی با شکستن روال‌ها نیز وفق دهد.

موضوع بسیار مهم دیگر این است که کودکان از تصمیمات فوری خوششان نمی‌آید و ممکن است باعث نگرانی و مخالفت و گریه آن‌ها شود. انجام اقدامات قبل از کارهای روزانه و اعلام کردن اقدامات، آن‌ها را ازنظر ذهنی آماده می‌کند. فرض کنید مهمانی هستید و قصد رفتن به خانه می‌کنید و فرزندتان که در حال بازی با بچه کوچک آن خانواده است را صدا می‌کنید و در بیشتر مواقع با مخالفت و پافشاری او روبرو می‌شوید، برای پرهیز یا کاهش چنین موقعیت‌هایی کافی است، ۱۰ دقیقه قبل از رفتن، به او بگویید که تا ۱۰ دقیقه دیگر به خانه برمی‌گردید و بعد کمی قبل از رفتن لباس بیرونش را به تنش کنید، آنگاه او از لحاظ ذهنی آماده است.

۴- از جیب شلوارمان شوخ‌طبعی‌مان را درآوریم:

همسر من در بیشتر مواقع با خانواده، دوستان و همکارانش با شوخ‌طبعی صحبت می‌کند البته با رعایت اینکه به کسی بی‌احترامی نکند و جالب اینجاست که نظراتش بیشتر مورد درک و قبول اطرافیان است. این نوع رفتار او باعث می‌شود که آدم‌ها بهتر به او گوش کنند چون از معاشرت با او بیشتر لذت می‌برند. این شوخ‌طبعی‌اش نه‌تنها باعث نمی‌شود که اعتبار او، نزد پسرمان کم شود،

بخش چهارم - چگونه با اقتدار مثبت والدگری کنیم

بلکه به خاطر ارتباط خوب و صمیمیتی که بین آن‌هاست، پسرم همیشه به نظرات او احترام می‌گذارد.

مادر و پدر محیط خانه را با حس و حالشان رنگ‌آمیزی می‌کنند، می‌توانند آن را به مکان کسل‌کننده و بی‌روح تبدیل کنند و می‌توانند آنجا را به یک بهشت دلپذیر تبدیل کنند. زمانی که فرزند شما در برابر انتخابات خطرناک زندگی قرار می‌گیرد، خنده‌ها و لحظات خوشی که با خانواده داشته است از جلو چشمانش رد می‌شود. انسانی که این دلبستگی‌ها را نداشته باشد یا کمتر داشته باشد راحت‌تر به ارزش‌های خانواده پشت پا می‌زند.

کودک من وقتی بزرگ شد، ممکن است خاطرات دوران قبل از سه‌سالگی را به یاد نیاورد اما احساسی که با آن خاطرات ذخیره می‌شود همیشه با او می‌ماند و ما والدین هم یاد می‌گیریم که چگونه می‌شود بسیاری از لحظات عادی روزمره را به لحظات شاد تبدیل کنیم. اگر به مادران و پدران فقط بخواهم یک توصیه کنم این است که لبخند و خندیدن را به زندگی خود اضافه کنند. این ابزار یکی از مهم‌ترین ابزارهایی است که باید در صندوق والدگری خود بگذاریم.

۵- به دنیای کودک خود سفر کنید:

زمانی که زندگی را از زاویه دید بچه‌هایمان ببینیم، جملات و شیوه برخوردمان با آن‌ها را به نحوی تغییر می‌دهیم که احساس همدردی را به آن‌ها انتقال می‌دهیم. دیدن و درک دنیای بچه‌ها به معنای انجام خواسته آن‌ها نیست. بدین معنی است که:

من میدانم چه احساسی داری!

اگر من هم بودم شاید همین احساس را داشتم!

در بسیاری از موارد خواسته‌ی کودک و یا رفتاری که انجام داده است، موردقبول ما نیست چون ما چندین برابر او سن و سال و تجربه‌داریم و با بسیاری از مسائل زندگی روبرو شده‌ایم؛ اما اگر بجای کودکمان بودیم همان رفتار را می‌کردیم و یا همان خواسته یا مشابه آن را داشتیم. بعضی از ما این‌قدر از کودکی‌مان دور شده‌ایم و خاطراتش را فراموش کرده‌ایم که خیال می‌کنیم از ابتدا همین تجربیات را داشته ایم و هیچگاه اشتباه نمی کردیم و یا احساسات کودکانه نداشته ایم. یکی از

بهترین راه های درک فرزندان، یادآوری کودکی و حـال و هوای کودکی خودمان است. اینکه چه احساساتی داشته‌ایم و چه درخواست‌هایی می‌کردیم، کمـک می‌کند بیشتر دنیا را از زاویه دید بچه‌هایمان ببینیـم.

اما همان‌طور که گفتم دیدن دنیا از زاویه دید بچه‌ها دلیل بر این نیست که فرزندمان را به درخواست‌هایی که منطقی نیستند برسانیم و یا هر رفتاری که خواست انجام دهد. فقط شیوه درک ما متفاوت می‌شود.
اگر کودکِ من می‌خواهد سومین شکلاتش را بخورد و در قانون خانه ما فقط خوردن دو شکلات در روز مجاز است. بجای اینکه به او بگویم: **"نباید بخوری و یا من به تو اجازه نمی‌دهم "** بهتر است به او بگوییم که **"من می‌توانم بفهمم که این شکلات را چقدر دوست داری بخوری، شاید من هم جای تو بودم همین حس را داشتم اما می‌دانی که قانون خانه ما می‌گویید ۲ تا شکلات در روز و تو هر دو شکلاتت را خورده‌ای، اما من می‌توانم اکنون یک لیوان شیر برای تو بیاورم. "**

کودکان نیازمند توجه هستند. سفر به دنیای کودک، درک کودک و پر کردن نیاز به توجه اوست. نوزادان زیر یک سال، بسیاری از زمان مادر و پدر را پر می‌کنند و توجه کامل را می‌گیرند اما زمانی که بزرگ‌تر می‌شوند، هنوز نیاز دارند که زمان‌هایی از روز را فقط به آن‌ها اختصاص دهیم. تنها با او و بدون وجود هیچ موضوعی که حواسمان را پرت کند، با او وقت بگذرانیم، با فعالیتی که او دوست دارد و لذت می‌برد. اگر کودکمان بسیار به ما می‌چسبد و ما را رها نمی‌کند بدانیم که به دنیای او به اندازه نیازش سفر نمی‌کنیم و شاید همه‌ی روز با او هستیم اما کیفیت توجه ما کم است. پس بهتر است زمان‌هایی را فقط به او اختصاص دهیم.

۶- احترام، احترام می‌آورد:

زمانی که ما کودک بودیم بســیاری از ما را مجبور کردند که به معلمان خود احترام بگذاریم درصورتی‌که این احترام فقط از ترس بود و پشت سر آن معلم چه شیطنت‌ها که نمی‌کردیم، چون سیستم به‌گونه‌ای بود که معلم‌ها و بسیاری از بزرگ‌ترها به کودکان احترامی نمی‌گذاشتند.

بخش چهارم - چگونه با اقتدار مثبت والدگری کنیم

ما نسلی هستیم که باید احترام گذاردن به بچه‌هایمان را تمرین کنیـم، چون بسیاری از ما، در کودکی یاد نگرفتیم که احترام متقابل چیست، به ما احترام نگذاشتند و مجبورمان کردند که به بزرگ‌ترها نیز احترام بگذاریم.

چگونه به فرزندانمان احترام بگذاریم. بسیار ساده است:

- زمانی که شروع به حرف زدن می‌کنند، جملاتشان را کامل نکنیم.
- فکر نکنیم آن‌ها نمی‌فهمند، از آن‌ها بدگویی نکنیم و به آن‌ها برچسب نزنیم.
- به نیازهای ضروری‌شان اهمیت دهیم.
- وقتی قولی می‌دهیم، پای قول خود بمانیم.

۷- حرکتمان مانند راکت تنیس باشد:

یکی دیگر از مراحل پیاده‌سازی اقتدار مثبت، استواری و مصمــم بودن در حرف‌ها و رفتارهایمـان است. در زبان انگلیسی واژه‌ای وجود دارد به معنی حرکت را تا آخر ادامه بده[1]. این اصطلاح در ورزش تنیس به کار می‌رود و می‌گوید زمانی که با راکت به توپ ضربه می‌زنی، حتی وقتی به توپ ضربه زدی، حرکت راکت را متوقف نکن و ادامه بده.

در فرزند پروری مصمم بودن به همین معنی است. در هر شرایطی قوانین باید اجرا شود. مثال **"حتی اگر خیلی خسته باشیم باز هم قبل از خواب، مسواک می‌زنیم."** این می‌تواند به کودک نوپای ما یاد بدهد که گریه نمی‌تواند مادر را راضی کند که او را به تخت خودش بیاورد و یا اینکه با

---

[1] Follow Through

اصرار و پافشاری زیاد نمی‌توان بیشتر در پارک ماند. وقتی مادر می‌گوید: **"۳ بار تا ۱۰ بشمار "** یعنی دقیقاً ۳ بار تا ۱۰ و استثناء هم نداریم.

این موضوع به‌شرط اینکه نکات قبلی مانند اتصال، همدردی، احترام و حق انتخاب‌های امکان‌پذیر همه از طرف پدر و مادر رعایت شود، باعث می‌شود کودک نیز شرایط را درک کند و مادر یا پدر، نیاز به زیاد حرف زدن و کَل کَل کردن با بچه را ندارند. کمتر حرف می‌زنند اما به حرف و تصمیم خود استوارند. در اصل مانند تنیس‌بازهای حرفه‌ای، حرکت خود را تا پایان ادامه می‌دهند.

اگر تاکنون با گریه و بی‌قراری فرزندمان زود از حرف خود، کوتاه می‌آمدیم و به خواسته او جامه عمل می‌پوشاندیم، باید بدانیم که راه سخت‌تری در پیش داریم، باید صبور باشیم، چون با شروع استمرار بر حرف‌هایمان فرزند ما با یک رفتار جدید روبرو می‌شود و مقاومت بیشتری می‌کند.

۸- صبور بشویم.

هرکدام از ما که تجربه بودن در کنار بچه‌ها را داشته‌ایم، تجربه **از کوره در رفتن** را هم داشته‌ایم. انرژی، خواسته‌ها و انگیزه‌های آن‌ها با ما یکی نیست. ما می‌خواهیم به کودکمان یاد بدهیم که اسباب‌بازی‌هایش را به بچه‌های دیگر بدهد تا بازی کنند؛ اما با بارها تلاش می‌بینیم که یاد نمی‌گیرد گاهی حتی نا امید می‌شویم. شاید مجبور باشیم بارها این موضوع را به او آموزش دهیم.

کودکان زیر سه سال از احساساتشان فرمان می‌گیرند و چون حافظه بلندمدتشان هنوز کامل نشده است، برای همین زمان بیشتری لازم است تا هر موضوعی را کامل به خاطر بسپارند و یاد بگیرند؛ اما اگر شیرینی هر کار خوبی که می‌کنند را بچشند، آنگاه خاطره‌ای با احساس خوب می‌سازند و به آن حرکت ادامه می‌دهند. در مثال سهیم شدن اسباب‌بازی، اگر هر بار که اسباب‌بازی‌شان را به کودک دیگری دادند و ما به آن‌ها دلگرمی دهیم، آن‌ها بالاخره یاد خواهند گرفت و حس می‌کنند که چقدر این رفتار سهیم شدن اسباب‌بازی، عالی است.

صبوری کردن و صبور بودن یکی از خصوصیات خوبی است که مادرها و پدرها در حین پرورش فرزندانشان یاد می‌گیرند. یادگیری آن البته باید با تمرین همراه باشد، چون اگر آن را تمرین نکنیم

بخش چهارم – چگونه با اقتدار مثبت والدگری کنیم

و زمانی که تحمل ما تمام می‌شود، اگر دعوا کنیم، سرزنش کنیم و یا عصبانی شویم، آنگاه یک الگوی اشتباه برای بچه‌ها خواهیم شد.

چگونه صبوری را تمرین کنیم.

- زمانی که تحملمان از کودکمان لبریز شد، از او دور شویم، اگر امکان دارد کودک یا کودکان را برای ۵ دقیقه به یکی از افراد خانه بسپاریم و ازآنجا دور شویم، اگر نمی‌توانیم رو به سمتی دیگر کنیم.

- پنج نفس عمیق بکشیم. نفس عمیق باید بدین گونه باشد:

" ۵ شماره دم، ۵ شماره حبس نفس و ۵ شماره بازدم."

- حرف‌هایمان را با آهنگ بیان کنیم، شاید مسخره به نظر برسد اما به ذهن کمک می‌کند که صبر را تمرین کند.

- همان لحظه به خود یادآوری کنیم که هر عکس‌العملی نشان دهیم، او ما را دقیقاً کپی خواهد کرد. سعی کنیم عصبانیت را طوری کنترل کنیم و رفتاری کنید که دوست داریم کودک ما در زمان عصبانیتش انجام دهد.

- به آخرش نگاه کنیم! زمانی که اتفاقی می‌افتد که ما را ناراحت می‌کند، به این فکر کنیم که یک ساعت دیگر هم من همین‌قدر عصبانی خواهم بود؟ مثال: مادری می‌گفت: **"روزی که مهمان داریم، فرزند یک‌ساله و نیمه‌ام نمی‌گذارد در آشپزخانه کارهایم را انجام دهم. همیشه ساعت‌ها خودش را در تختش با اسباب‌بازی‌هایش مشغول می‌کند اما امروز که مهمان دارم مدام بهانه می‌گیرد و می‌خواهد با او بازی کنم. صبرم لبریز شده است "**

بچه‌ها روزهای خاص را می‌فهمند. آن روزها مادرها یا پدرها همه کارهای مربوط به کودک را با عجله و با استرس انجام می‌دهند و با او کمتر بازی می‌کنند درصورتی‌که نیاز کودک هنوز به توجه در آن روز پر نشده است. یک مادر و پدر کامل به آخر روز فکر می‌کنند! به بدترین حالتی که قرار است اتفاق بیافتد. مهمان‌هایم بیایند و غذا هنوز آماده نباشد! چون اگر با کودکم بازی

کنم احتمالاً سالاد و غذاها سروقت آماده نمی‌شوند، اشکالی ندارد. مهمان‌هایم می‌دانند که من یک کودک نوپا دارم اکنون کمی با او بازی می‌کنم و بعد با کمک مهمان‌ها بقیه غذا را آماده می‌کنم.

- یک مادر خوب همیشه برای موقعیت‌هایی که فرزندش ناخواسته صبرش را لبریز می‌کند و نیاز به استراحت دارد یک برنامه‌ریزی‌هایی دارد. (مثال: یکی از دوستان من کودکش را در آشپزخانه درون یک تشت آب می‌گذاشت و او عاشق بازی با آب بود، ساعت‌ها سرگرم می‌شد) برنامه‌هایی نظیر این‌ها را در گوشه ذهنتان برای روزهای خستگی نگه‌دارید.

۹- دهانمان را ببندیم و اقدام کنیم[1].

جمله بسیار تندوتیز بالا از **رودالف دریکورس**[2] روانشناس و محقق اتریشی است که تئوری موفق او "سیستم *جایزه و تنبیه* " برای پرورش بچه‌ها را کاملاً رد می‌کند. بر اساس نظریه رودالف کودکان زیر یک سال به مراقبت و توجه کامل مادر نیاز دارند اما تلاش مادر برای توضیح دادن و نه گفتن و دعوا کردن در این سنین کم، بی‌نتیجه است. بعضی از والدین می‌گویند که کودکشان به حرف آن‌ها گوش نمی‌دهند اما این‌گونه نیست زمانی که کودک شما ظروف پلاستیکی درون کابینت شما را درمی‌آورد و در کف آشپزخانه پخش می‌کند و آن‌ها را به هم می‌کوبد. وقتی شما به او می‌گویید نکن، او معنای نکن را نمی‌فهمند، حتی اگر هم بفهمد چون جایگزینی ندارد، دلیلی برای اینکه این فعالیت شوق آور را متوقف کند نمی‌بیند؛ اما همان‌گونه که دکتر دریکورس گفته است بهتر است بجای بحث و داد زدن او را بغل کرده و به حیاط ببرید به او توپ و اسباب‌بازی دهید و آن را پرت کنید و یا به هم بزنید تا او هم این کار را تکرار کند و یاد بگیرد که توپ برای پرت کردن است و اسباب‌بازی برای به هم کوبیدن و صدا درآوردن است.

۱۰- تفاوت‌ها را بپذیریم:

در یک پارک بازی، تیم فوتبال بچه‌های ۱۱ ساله شهر همراه خانواده‌هایشان جمع شده بودند که پایان مسابقات این دوره را جشن بگیرند. رادین ۳ ساله هم همراه مادر، پدر و برادرش رادمهر آمده

---

[1] **"Shut your mouth and act".** *Rudolf Dreikurs*
[2] *Rudolf Dreikurs*

*بود. رادمهر قهرمان تیم بود کسی که بیشتر گل‌های خوب را می‌زد. من با رادین برادر کوچک‌تر که ناراحت به نظر می‌آمد، شروع به حرف زدن کردم. جملاتی مانند: "**اسمت چیست؟ چند سال داری؟**" با بی‌میلی یکی از سؤالات من را جواب داد. مادرش گفت: **"این رادین، همیشه بداخلاق و ناراضی است. برعکس برادرش که همیشه راضی، خوشنود و مستقل است. این بچه از روز اول خوشحال نبود و برای همه‌چیز گریه می‌کرد."***

باید بپذیریم که کودکان متفاوت هستند و با خلق‌وخوی متفاوت به دنیا می‌آیند، اما آن چیزی که به‌عنوان رفتارهای خوب و بد، بعد از نوزادی با آن‌ها می‌ماند، این مقایسه کردن‌های ما والدین است که ناخواسته برچسب رفتاری را به آن‌ها می‌چسبانیم و واکنش‌های ما به‌گونه‌ای خواهد بود که این رفتارها در او نهادینه می‌شود.

*در آن روز من و همسر من با یک توپ شروع به بازی با رادین کردیم، رادین ابتدا با بی‌میلی توپ را می‌زد و سپس بعدازاینکه با هر ضربه به توپ، همسرم به او لقب **قهرمان** را داد و به او گفت: **"بهترین توپ‌ها را می‌زنی؟ معلوم هست که داری تلاش می‌کنی، قهرمان؟"** او را یک انسان مهم خطاب کرد که بدخلق نیست. رادین می‌خندید و بداخلاق نبود و همسر من با او شوخی می‌کرد و او هم بلندبلند می‌خندید.*

مادر رادین قبل از اینکه رادین تمام عمر بدخلق بماند و حسرت قهرمان و مهم بودن داشته باشد، باید تفاوت‌های خلق‌وخو را درک کند و به‌جای برچسب زدن به کودکش و مانند یک بدخلق با او رفتار کردن، کاری کنند که احساس مهم بودن بکند. والدین عزیز بیاییم بپذیریم هر انسانی با دیگری متفاوت است و این است که دنیا را زیبا می‌کند. این تفاوت‌ها در آینده کودک ما تأثیر چندانی نخواهد داشت، مگر اینکه ما با انتظاراتمان این تفاوت‌ها را به ناهنجاری تبدیل کنیم.

۱۱- اعتمادسازی کنیم:

کودکان وقتی متولد می‌شوند، زمانی که درک می‌کنند که آن‌ها و مراقبین آن‌ها یک نفر نیستند و در دنیا آدم‌های متفاوتی وجود دارد، به کسانی که به نیازهایشان می‌رسند اعتماد می‌کنند و بین آن‌ها و غریبه‌ها اعتماد تنها عامل جداکننده در ذهن آن‌هاست.

به‌مرورزمان که ذهنشان رشد می‌کند، شروع می‌کنند این اعتماد را محکم کنند؛ اما گاهی اوقات این اعتماد کمی از طرف والدین خدشه‌دار می‌شود و اعتماد و اعتبار والدین در ساخت دل‌بستگی ایمن عامل مهمی است.

این اعتماد را چگونه بسازیم.

- **سر قول و حرفمان بمانیم.** زمانی که قادر به انجام کاری هستیم به آن‌ها قول انجام آن کار را دهیم، بدقولی می‌تواند بسیار در بی‌اعتبار کردن ما نسبت به حرفمان مؤثر باشد.

- **باانصاف باشیم.** برای اینکه باانصاف باشیم از کلماتی که تعمیم می‌دهند و جنبه کلی‌نگری دارند، پرهیز کنیم. جملاتی مانند: **"تو همیشه بدغذا هستی! یا بدغذا هستی!"**

- **رفتار یکپارچه داشته باشیم.** اگر می‌خواهیم باانصاف باشیم، برای یک رفتار دو واکنش متفاوت نشان ندهیم. اگر فرزند ما یک کار ناپسند انجام داد، به او همان واکنشی را نشان دهیم که به فرزند دوستمان که مهمان ماست نشان می‌دهیم.

- **احترام گذاشتن به شخصیت بچه باعث، اعتمادسازی می‌شود.**

- **با فرزندانمان صادق باشیم** و به او دروغ نگوییم. دروغ‌های ساده می‌تواند بسیار در بی‌اعتمادی آن‌ها به ما و بی‌اعتمادی آن‌ها به خودشان تأثیرگذار باشد. شاید گاهی یک دروغ مصلحتی یا مخفی کردن در کوتاه‌مدت از دردسرهای ما کم کند اما در درازمدت باعث می‌شود فرزندمان نسبت به حرف‌های ما، خودش و دنیای اطرافش بی‌اعتماد شود. دروغ‌ها در نظر ما شاید بسیار ساده باشد، مانند زمانی که ما یواشکی از خانه بیرون می‌رویم، به فکر اینکه نوزادمان از نبودمان و از رفتن ما ناراحت نشود و برای کمی مدت کمتری بی‌قراری کند. یا گاهی به‌دروغ به کودکمان در فروشگاه می‌گوییم: **" این اسباب‌بازی‌ها فروشی نیست "**. این جملات، باعث می‌شود حس اعتماد فرزند نسبت به ما کم شود و حتی به خودش نیز نمی‌تواند اعتماد کند، در ذهن او این موضوع شکل می‌گیرد که توانایی این را ندارد که بتواند دوری از والدین را تحمل کند و یا اینکه توانایی گذشتن از یک اسباب‌بازی را ندارد. شاید کودک، زمان رفتن والدین بیرون خانه با

بخش چهارم – چگونه با اقتدار مثبت والدگری کنیم

خداحافظی کردن آن‌ها، بیشتر بی‌قراری کند اما می‌فهمد که همیشه موقع بیرون رفتن او را در جریان می‌گذارند و هرلحظه واهمه غیب شدن پدر و مادر را ندارد.

- **با او صمیمیت داشته باشیم.** قرار نیست که دوست فرزندمان باشیم ما باید در جایگاه پدر و مادر با او صمیمی باشیم. کافی است زمانی که حرفی می‌زند و یا رفتاری می‌کند، با مغز و دیدگاه یک کودک او را درک کنیم؛ اما می‌توانیم در جایگاه پدر و مادر، به او کمک کنیم و او را آموزش دهیم.

در پارک جنگلی بودیم پسر من با بچه‌های هم سن و سال خودش یک بازی می‌کردند این بازی به نحوی بود که یک لوله‌های کائوچویی بسیار سبک، دست همه بچه‌ها بود و همه به دنبال هم می‌دویدند، هرکسی که گرگ بود باید لوله‌اش را به بدن بقیه می‌زد تا آن بچه گرگ شود و بسیار سرگرم بازی بودند، پسر ۲ و نیم ساله‌ای آنجا بود و بازی بچه‌های بزرگ‌تر را می‌دید. بعدازظهر آن روز او میله آهنی را برداشت و محکم به سر پسر من کوبید، پسر من شوکه شده بود. هم از درد و هم بسیار ناراحت شده بود. مادر و پدر پسر کوچک که فکر می‌کردند پسرشان از سر شرارت آن میله را به سر ارشیا زده، او را بسیار دعوا کردند و او نیز به گریه افتاد. من بعدازاینکه پسرم را آرام کردم. آن پسر کوچک را روی زانوی خودم نشاندم و با آرامش به او گفتم: "دیدم که با میله به سر ارشیا زدی! چرا این کار را کردی؟" او گفت: "می‌خواستم بازی کنم."
من به او گفتم:"آها پس می‌خواستی همان بازی را با او بکنی که بچه‌ها صبح بازی می‌کردند؟"
گفت: "بله " به او گفتم:"اما آن‌ها یک چیزی را به هم می‌زدند که اصلاً درد نمی‌گیرد. من می‌دونم که تو نمی‌خواستی ارشیا را بزنی و فقط می‌خواستی بازی کنی. آیا این‌طور نیست؟ اما می‌دانی این میله آهنی که به ارشیا زدی چقدر درد گرفت؟ حتماً دوست نداری یکی تو بازی به سر تو بزند که درد بگیرد! " گفت: "نه دوست ندارم سرم درد بگیرد"

وقتی به دنیا اومدی

اینکه بدانیم به چه دلیل کودکی کاری را انجام می‌دهد، باعث می‌شود که زمان آموزش دادن به او، صمیمیتمان را با او حفظ کنیم. آن پسر حتی نمی‌دانست چرا مادر و پدرش او را دعوا می‌کنند. از نقطه نظر او، می‌خواست همان بازی صبح را انجام دهد و بسیار خوشحال بود که می‌تواند مانند پسرهای بزرگ بازی کند. درک و دیدن از زاویه دید بچه‌ها باعث می‌شود که آن‌ها با مادر و پدر احساس صمیمیت کنند و بتوانند بهتر با هم ارتباط برقرار کنند و بهتر به حرف مادر و پدر توجه کنند.

بخش چهارم – چگونه با اقتدار مثبت والدگری کنیم

خلاصه آنچه در این بخش یاد گرفتیم:

برای پیاده‌سازی اقتدار مثبت مراحل زیر را باید انجام دهیم:

۱- اتصال قبل از اصلاح: قبل از گفتن بکن ها و نکن ها، به او و احساسات او نزدیک شویم.

۲- او را در بازی‌هایمان وارد کنیم: او را در بعضی از تصمیم‌گیری‌های روزانه در خانه و بعضی از انتخابات برای خودش وارد کنیم و برای موارد امکان‌پذیر از او نظر بپرسیم.

۳- برای او روال یکنواخت روزانه تعریف کنیم: برای راحتی او و ما، برای خوابیدن، غذا خوردن، حمام کردن و امثال آن‌ها یک سری اقداماتی را به ترتیب انجام دهیم تا هم احساس امنیت کند و هم ذهنش برای آن فعالیت آماده شود.

۴- شوخ‌طبعی مادر و پدر به خانه رنگ و بو می‌دهد. خندیدن خانواده با یکدیگر و کارهای عجیبی که در خانه انجام می‌دهند باعث می‌شود که فرزندان به محیط خانه و خانواده علاقه‌مند شوند و مادر و پدر باروحیه بهتری والدگری کنند.

۵- کودک ما نیازمند به توجه خالص ما و گذراندن زمان و بازی با ماست.

۶- به او احترام بگذاریم. حرفش را کامل نکنیم و به نظراتش اهمیت دهیم.

۷- زمانی که قانونی می‌گذاریم به‌هیچ‌وجه حرف خودمان را زیر پا نگذاریم. قانون عادلانه که باشد، نیازهای عاطفی کودک که برآورده شود، کودک ما به دلیل نرسیدن به همه خواسته‌هایش آسیب نخواهد دید. بر تصمیمات و شیوه فرزند پروری‌مان استوار و مصمم باشیم.

۹- صبور باشیم.

۱۰- برای کودکان زیر ۳ سال بجای توضیح دادن و نه گفتن، بهتر است اقدام کنیم.

۱۱- اعتماد و اعتبار سازی کنیم. با راهکارهایی مانند راست‌گویی، صداقت، انصاف و صمیمیت.

وقتی به دنیا اومدی

تمرین‌های بخش چهارم:

- ده انتخاب که می‌توانید بر عهده کودک بگذارید را در **کیانا**[1] بنویسید:

مثال: از امروز برای پوشیدن لباس‌هایش بین دو لباس حق انتخاب به او می‌دهم؟
از امروز برای انتخاب رنگ بشقاب و لیوانش از بین ۳ رنگی که در خانه‌داریم به او حق انتخاب می‌دهم؟
گاهی از او می‌پرسم که بین دو روسری برای من روسری انتخاب کند؟

- پنج راهی که می‌توانید در خانه از او کمک بگیرید را بنویسید (برای بچه‌های بالای ۱/۵ سال)

مثال: زمانی که از فروشگاه بیرون می‌آییم از او می‌خواهم که کنترل درب ماشین را بزند.
قاشق‌ها و لیوان‌ها را سر میز ببرد.
دکمه آسانسور را کمک ما بزند.

- موقعیت‌هایی که برایتان در این هفته اتفاق افتاده و باعث شده شما از کوره در بروید را بنویسید؟

- بجای کلمه **"نکن"** کلمه **"بیا بجای آن، این کار را بکن"** را بگذارید و اقدام کنید.

---

[1] کتابچه یادداشت، احساسات، نظرات و اقدامات

یادداشت ---------------

بخش پنجم

هنر انگیزه‌سازی

- احساس استقلال یا احساس شرم، عجز و شک

روزی مادری به فرزند دوساله‌اش گفت: "می‌خواهم وقتی بزرگ شدی، انسان با اعتمادبه‌نفس، قاطع، محکم و مستقلی شوی! ولی الان می‌خواهم فرزندی سازگار، ساکت، آرام و مطیعی باشی!"

مادرها و پدرها کودکی را می‌خواهند که ساکت، سازگار و مطیع باشد، کودکی که دست به چیزی نمی‌زند، کنجکاوی‌های کودکانه ندارد، برای خواسته‌اش گریه نمی‌کند و زمین را به زمان نمی‌دوزد. درصورتی‌که از این کودک یک انسان مستقل، محکم و با اعتمادبه‌نفس، نمی‌توان ساخت بلکه یک انسان دودل، تنها و وابسته ساخته می‌شود که از تصمیم‌گیری‌های مهم سرباز می‌زند.

احساس استقلال[1] یکی از مهم‌ترین نیازهایی است که کودک با ورود به یک‌سالگی شروع به ساختن آن می‌کند. درصورتی‌که برای بعضی از بچه‌ها بجای احساس استقلال، احساس شرم، عجز و شک را در کودک به وجود می‌آید.

کودک زمانی که یک‌ساله می‌شود یعنی با ورود به سال دوم زندگی می‌خواهد دنیای اطرافش را کشف کند، با دقت هر چیزی را بررسی، امتحان و وارسی کند. به هر چیزی

---

[1] Sence of Autonomy

دست می‌زند، هر چه می‌بیند را به دهان خود نزدیک می‌کند، می‌خواهد جنس هر جسمی را درک کند، سنگینی‌اش را، نسبت جاذبه زمین به آن جسم را. صداهایی که از برخورد اجسام بلند می‌شود برایش جالب است. او رفتارهای متفاوتی نشان می‌دهد تا واکنش اطرافیان به رفتارهایش را ببیند. دنیایی رنگارنگ و عجیب در مقابل او است که می‌خواهد از آن سر دربیاورد.

والدینی که به کودک نوپای خود اجازه نمی‌دهند که آب خود را در لیوان بریزد، از نگرانی اینکه آب به روی میز بریزد و یا اجازه نمی‌دهند غذا را با قاشق خودش بردارد از ترس اینکه به‌اندازه کافی غذا نخورد و یا زمانی که می‌خواهد جسمی را لمس کند، دستش را کنار بزنند و بگویند: **" دست نزن "** و یا امثال این‌ها. برای او احساس عجز و شرم ساخته می‌شود زیرا که فکر می‌کند از پس کارها برنمی‌آید و ناتوان است و والدین به او باور ندارند. این احساس ناباوری، شرم و عجز در تمام زندگی گریبان کودک را می‌گیرد و باعث می‌شود بعضی از کودکان بدون اعتمادبه‌نفس رشد کنند.

پایه‌های احساس استقلال از سنین زیر ۳ سال شکل می‌گیرد. مادرها و پدرها گاهی بین اینکه کودک **احساس استقلال** داشته باشد و یا **احساس دل‌بستگی** دچار سردرگمی می‌شوند. در اینجا مهم است که این نکته روشن شود که احساس استقلال با وابستگی در تضاد است و نه با دل‌بستگی. (برای توضیح بیشتر از معنای دل‌بستگی به بخش قبل مراجعه کنید.)

احساس استقلال را می‌توان با دادن آزادی‌هایی در خانه که خطری برای جان کودک ندارد در او ساخت. مادرها و پدرهای مهربان اگر کمی خلاقیت خود را بکار گیرند می‌توانند راه‌هایی بیابند که هم برای آن‌ها درد سر کمتری داشته باشد و هم برای بچه‌ها فرصت‌های بسیاری فراهم شود.

به‌طور مثال یکی از دوستانم یک استخر بادی کوچک را تمیز می‌شوید و کودک یک‌ساله و نیمه اش[1] را که خیلی دوست دارد، خودش غذا بخورد، در آن قرار می‌دهد و کودک با دستانش شروع به خوردن می‌کند و جنس غذا را لمس می‌کند، مادر هم مجبور نیست که همه خانه را تمیز کند.

---

[1] تصویر از مهراد اسپری

بخش پنجم - هنر انگیزه سازی

زمانی که می‌خواهیم به فرزندانمان احساس استقلال را انتقال دهیم هنوز می‌توانیم قوانین خانه و شرایطی که مشخص کرده‌ایم را رعایت کنیم، قرار نیست که کودک ما چون دوست دارد دنیا را تجربه کند بیشتر از دو شکلات در روز بخورد و یا با صدای بلند اسباب‌بازی‌اش، نگذارد خواهر بزرگ‌ترش در خانه تلویزیون ببیند.

احساس عجز زمانی شکل می‌گیرد که مادر و پدر به دلیل بی‌حوصلگی یا مشغله یا ترس‌های غیرواقعی فرصت کارها و تجربه‌هایی که کودکان از پس آن برمی‌آیند را از آن‌ها بگیرند.

> یک احساس استقلال سالم، تعادل بین حفاظت از کودکان و اجازه دادن به او برای کاوشگری و تست جهانی است که قرار است محل زندگی او شود.
>
> جین نلسون

- هنر انگیزه سازی

هلن و دخترش بیتا در حال صبحانه خوردن بودند، هلن برای بیتا در لیوان پلاستیکی قرمز رنگی شیر ریخت؛ اما بیتا گفت که در این لیوان قرمز شیر نمی‌خواهد، هلن که شب قبل بی‌خوابی کشیده بود چون نوزاد سه‌ماهه‌ای داشت که شب‌ها بیدارش می‌کرد اما چون می‌دانست این انتخاب لیوان می‌تواند فرصت خوبی برای ارزش سازی و آموزش باشد پرسید:" **اگر این لیوان را نمی‌خواهی؟ چرا خودت لیوان دیگری نمی‌آوری؟**" بیتا گفت:" دستم به بقیه نمی‌رسد!" هلن گفت: "چطوری می‌توانیم این مشکل را حل **کنیم؟**" بیتا گفت:" تو مرا بغل کنی و من آن لیوانی را که دوست دارم از کابینت بردارم " مادر با صورت گشاده و کمی فکر گفت: "**این هم فکر خوبی است اما ممکن است روزی من نباشم و تو بخواهی لیوانی برای خودت برداری؟ چطور است تمام لیوان‌های پلاستیکی رنگی را در کابینت پایین قرار دهیم؟ خوب است؟**" در طی چند دقیقه بعد، مادر و دختر ظرف‌های داخل کابینت پایین را به بالا منتقل و لیوان‌ها را به کابینت پایین آوردند و بیتا لیوان‌ها را آن‌گونه که دوست داشت در کابینت چید، بعد با حالت مغرورانه‌ای از انجام یک کار مهم لیوان صورتی رنگی را که دوست داشت، برداشت و سر میز صبحانه برد، شیر را از لیوان قدیمی به لیوان جدید ریخت و مقداری از آن روی میز ریخت. باز مادر آرامش خود را حفظ کرد

وقتی به دنیا اومدی

و اجازه داد بیتا کمی از خوردن شیر لذت ببرد. سپس گفت: "من دارم می‌بینم که کمی شیر روی میز ریخته شده، برای اینکه شیر روی میز تمیز بشود الان نیاز هست که چی کار کنی؟" بیتا از روی صندلی بلند شد و از کابینت زیر ظرف‌شویی یک اسفنج آورد و لکه‌های شیر را روی میز پاک کرد، اما اسفنج را روی میز گذاشت. هلن همان‌طور که عمل بیتا را تحسین می‌کرد: "چقدر خوب تمیز کردی. می‌دانی اگر اسفنج را همین‌طور رها کنی چه می‌شود؟" بیتا گفت: "نه چه می‌شود؟" مادر گفت: "شیر در آن ترش می‌کند و بسیار بد بو می‌شود هر بار که از اسفنج استفاده می‌کنیم باید آن را بشوریم و آبش را بگیریم، بعد از صبحانه به تو یاد می‌دهم که این کار را انجام دهی." بیتا که از هیچ فرصت آب‌بازی در خانه چشم‌پوشی نمی‌کرد گفت: "من الان می‌خواهم به من نـشان بدهی." مادر که نمی‌خواست این انگیزه ایجادشده در کودکش بی‌جواب بماند گفت: "بسیار خوب. بعد از تمیز کردن اسفنج صبحانه را می‌خوریم." هر دو به سمت ظرف‌شویی رفتند مادر او بغل کرد، روی کابینت نشاند و به او یاد داد و بیتا با کمی آب‌بازی، شستن اسفنج را یاد گرفت و باحالتی پیروزمندانه از اینکه چقدر مهم بوده است به سر میز صبحانه برگشت.

آیا اتفاق‌های داستان بالا برای مادرها بااین‌همه مشغله آسان است؟ خیر.
آیا وقت زیادی لازم است؟ بله.
آیا نیاز به صبر و حوصله زیادی دارد؟ بله.
آیا ارزش دارد؟ بله کاملاً.

هلن می‌توانست یک لیوان دیگر بیاورد و یا خودش میز را تمیز کند و یا اجازه ندهد بیتا شیر را خودش بریزد. هلن از حادثه ریختن شیر، به‌عنوان یک فرصت برای انگیزه سازی و ارزش‌دهی به شخصیت بیتا استفاده کرد. حتی او را به خاطر ریختن شیر تحقیر کند.
در این داستان اگر مادر بیتا او را زمانی که شیر را روی میز می‌ریخت سرزنش می‌کرد و شیر را خودش تمیز می‌کرد، احساس شرم ساخته می‌شد و اگر به او اجازه نمی‌داد که شیر را بریزد احساس ناتوانی و عجز ساخته می‌شد؛ اما او بجای آن احساس‌ها برای بیتا احساس استقلال ساخت.

بخش پنجم – هنر انگیزه سازی

تنبیه، جریمه، ممنوعیت، شرط گذاشتن، پاداش، تحسین تملق و باج دادن شما را از مسیر درست دور می‌کند.

برای ارزش‌دهی به شخصیت کودکانمان بیشتر کلمات مثبت باید خرج کنیم. بعضی از ما برای ساخت انگیزه از کلماتی مانند پسر باهوش، دختر خوشگل، بچه زرنگ و از قبیل این‌ها استفاده می‌کنیم درصورتی‌که این‌گونه تحسین‌ها به فرزند شما نه تنها انگیـزه نمی‌دهد بلکه به او **اعتمادبه‌نفس کاذب** می‌دهد، در مثال بالا هلن زمانی که دخترش، میز را با اسفنج تمیـز کرد، عمل او را تشویق کرد و نه خود او را و گفت: **"چقدر خوب تمیز کرده‌ای."**

مادر و پدر عزیزی که در حال خواندن این کتاب هستید، شما که هنوز در ابتدای این راه هستید، آسان‌تر می‌توانید این عادات خوب را برای پرورش و انگیزه سازی فرزندتان جایگزین راه‌های دیگر کنید.

در این بخش در مورد تنبیه و جریمه صحبت نخواهم کرد چون بسیاری از مادرها و پدرها می‌دانند که تنبیه دیگر راه چاره نیست و مطمئناً از آن ابزار استفـاده نمی‌کنند.

تحسین یا تشویق:

- آفرین تو چه بچه خوبی هستی!
- تو چه پسر باهوشی!
- شما چه دختر خوشگلی هستی!

بسیاری از مادران و پدران امروزی که تنبیه و سرزنش را کنار گذاشته‌اند و به دنبال ساختن عزت‌نفس کودکانشان هستند، از جملات تحسینی مانند بالا استفاده می‌کنند؛ اما بسیار متعجب می‌شوند که کودکانشان بجای اینکه با عزت‌نفس شوند، بیشتر خودخواه می‌شوند و پشتـکار لازم برای انجام کارها را ندارند. گاهی اوقات والدین به دوران کودکی خود که فکر می‌کنند به یاد می‌آورند که آن‌ها از طرف والدین خود تحسین نشده‌اند و شاید بعضی‌هایشان حتی تنبیه هم شده‌اند، اما آن‌ها پشتکار بیشتری برای انجام کارها داشتند و دارند. پس اشکال کار کجاست؟ ستایش و تحسین برای ساختن شخصیت یک کودک نه‌تنها خوب نیست، بلکه مانند سم می‌ماند و درنهایت یک انسان **خودبین و قضاوت کننده** می‌سازد.

تحسین با تشویق چه فرقی دارد؟

ابتدا به معنای کلمات تحسین و تشویق در فرهنگ‌نامه لغات[1]، توجه کنید:

تحسین: آفرین گفتن، ستودن، بیان و قضاوت مطلوب.

تشویق: به شوق آوردن، ترغیب کردن، دلگرم ساختن، کار کسی را ستودن و او را دلگرم ساختن.

تحسین و تشویق سه تفاوت عمده با هم دارند:

✕ تحسین	√ تشویق
تمرکز بروی انجام دهنده است. مثال: تو چقدر پسر خوبی هستی!	تمرکز بروی کاری است که انجام می‌شود. مثال: ممنون که اسباب‌بازی‌هایت را سریع بعد از بازی جمع کردی.
تمرکز بروی نتیجه نهایی است. مثال: چه نقاشی قشنگی کشیدی!	تمرکز بروی پروسه انجام کار و تلاش است. مثال: به نظر می‌رسد که نقاشی کردن را دوست داری چون زمان زیادی برای این نقاشی گذاشتی!
نیروی انگیزه سازی بیرونی فعال می‌شود. مثال: تو بهترین هستی! من به شما که این این‌قدر خوبی یک شکلات می‌دهم!	نیروی انگیزه سازی درونی فعال می‌شود. مثال: این اتاق چقدر خوب مرتب‌شده است. در این اتاق بهتر می‌توانی بازی کنی. فکر کنم خودت حسابی احساس خوبی داری؟

هر انسانی دوست دارد که از او تعریف شود و صفت خوب را دوست دارد و برای حفظ صفت خوب می‌جنگد. زمانی که ما به فرزندمان می‌گوییم تو باهوش هستی! او از اینکه این صفت را به او داده‌اید خوشحال و خرسند می‌شود. او احساس می‌کند که بسیار خاص است و برای حفظ این صفت، در همان حالت می‌ماند و قدم‌های بعدی را برنمی‌دارد، زیرا می‌ترسد که این صفت را از دست بدهد. فرض کنید یک پازل مخصوص سن فرزندتان به او می‌دهید و او باکمی تلاش آن را حل می‌کند، اگر او و هوشش را تشویق کنید بسیار خرسند می‌شود، اما تمایلی به حل پازل سخت‌تر نشان نمی‌دهد و می‌خواهد باز همان پازل قبلی را حل کند. بااینکه کودکان همیشه دنبال پیشرفت هستند، اما متأسفانه تحسین‌های نابجای ما می‌تواند مسیر آن‌ها را کندتر کند.

---

[1] فرهنگ معین

از طرف دیگر زمانی که عمل او را تشویق می‌کنیم یعنی به همین کودک گفته شود، **تلاش** تو برای انجام این کار عالی بود، او می‌فهمد تلاشی که برای حل این پازل انجام داده ارزش دارد و دوباره می‌خواهد تلاش‌های بیشتر خود را به ما و خودش نشان دهد. در تحسین زمانی که ما نتیجه نهایی را بزرگ می‌کنیم کودکان ما بعد از دستیابی به یک دستاورد بزرگ دیگر دست از تلاش برمی‌دارند. دلیل اینکه بسیاری از مدال آورندگان المپیک بعد از مدال طلا، افسرده می‌شوند همین است که بعد رسیدن به مدال به خود می‌گویند **حالا چه!** چون مربی و اطرافیان آن‌ها فقط روی مدال و اول شدن تمرکز کرده‌اند، بجای آنکه به روی تلاش و مسیر رسیدن به هدف تمرکز کنند.

پول، جایزه و پاداش هم باعث به وجود آمدن انگیزه بیرونی می‌شود. البته نمی‌توان کامل آن را قطع کرد، شاید گاهی یک انگیزه بیرونی مانند قول یک پارک رفتن و یا یک آب‌نبات این‌قدرها ضرر نداشته باشد، اما کودکانی که مرتب به دلیل وجود انگیزه‌های بیرونی ترغیب به انجام کاری می‌شوند و یا از کاری بازداشته می‌شوند، زمانی که به سنین نوجوانی هم برسند ممکن است برای یک انگیزه بیرونی دست به کارهای خطرناکی بزنند. در آن زمان انگیزه‌های بیرونی دیگر قابل‌کنترل ما نیست. احساس خوبی که با انجام کارهایی که تاکنون تجربه نکرده‌اند به کودکان دست می‌دهد، کودکان را به‌خودی‌خود تشویق می‌کند و نیازی به جایزه و تأیید ما ندارند و ما با دادن جایزه به‌غلط، آن‌ها را به این سمت می‌کشانیم که برای جایزه تلاش کنند.

یکی دیگر از انگیزه سازی‌های بیرونی گرفتن تأیید و راضی نگه‌داشتن پدر و مادر است. اگر زمانی که از آن‌ها می‌خواهیم کاری انجام بدهند و یا ندهند مرتباً از آن‌ها بخواهیم که به خاطر ما یا برای خوشحال کردن یا ناراحت نکردن مامان و بابا این کار را بکنند یا نکنند، این هم نوعی انگیزه بیرونی است و اینکه کودک، هر کاری را برای خوشحال کردن پدر و مادر و یا در رودربایستی با آن‌ها انجام دهد، این نوع انگیزه بیرونی اصلاً خوب نیست. کودکی که عادت به گرفتن تأییدیه دیگران دارد، نه‌تنها عزت‌نفس پایینی می‌سازد بلکه قدرت تصمیم‌گیری و انتخاب را از دست می‌دهد، این‌گونه انسان‌ها در هر مرحله از زندگی دنبال راضی نگه‌داشتن کسی یا کسانی هستند و در نوجوانی برای خوشحال کردن دوستانشان ممکن است به مواد مخدر هم نه نگویند و زمانی که می‌خواهند زوج پیدا کنند دچار شیفتگی کورکورانه می‌شوند.

شاید اکنون که این نکات را می‌خوانید از اینکه پرورش کودک این‌قدر حساس است و به چه نکات دقیقی باید اهمیت داد، کمی استرس بگیرید و با خود بگویید که هدف این کتاب آرامش دادن به مادر و پدر بود و نه استرس!

وقتی به دنیا اومدی

من هم‌زمانی که برای اولین بار این نکات را یاد می‌گرفتم، بسیار ترسیدم که نکند، رفتارهای من باعث خراب شدن آینده کودکم شود؛ اما نگران نباشید. همین‌که اکنون بسیاری از این نکات را می‌دانید، قدم بسیار بزرگی است. پرورش کودک فقط کمک به رشد او نیست. ما نیز به‌عنوان والد در حال یادگیری هستیم.

تنها کافی است به رفتار خود واقف باشیم و هرروز یک جمله را عوض کنیم. در آخر خواهیم دید که چقدر عادت‌های خوبی را در خود نهادینه کرده‌ایم. من بسیاری از زوج‌هایی را می‌شناسم که در پروسه پرورش فرزندشان توانسته‌اند با همسر و اطرافیان خود نیز ارتباط بهتری بگیرند. این‌یک واقعیت است که ما انسان‌ها علاقه‌ایی نداریم که روی شخصیت و روح خود وقت و سرمایه‌گذاری کنیم زیرا تغییر بسیار سخت است اما زمانی که مسئله پرورش فرزندمان در میان است و چون فرزند مهم‌ترین سرمایه زندگی‌مان است حاضر می‌شویم به خاطر او رفتارهایمان را بررسی کنیم و حتی خود را تغییر دهیــم و این تغییرات حتمـاً باعث می‌شود که روابط‌مان با آدم‌های اطرافمان نیز بهتر شود.

"همانند درختی که به آب نیاز دارد کودکان ما به تشویق نیاز دارند "

رودالف دریکورس

یکی از مهم‌ترین درس‌های فرزند پروری این است که یاد بگیریم چگونه احساس ارزشمندی سالم را در کودکمان بسازیم. پدرها و مادرهایی که یاد می‌گیرند کودکان خود را ترغیب به پیشرفت کنند و به کودک خود، باور قلبی دارند، آن‌هایی هستند که این **احساس ارزشمندی** را در کودک خود می‌سازند و دیگر نیازی نیست که در سنین نوجوانی با کنترل بیرونی مرتباً آن‌ها را زیر نظر بگیرند و نگرانشان باشند. مادامی‌که ارتباط خوب و صمیمی خود را حفظ کنند، می‌دانند که فرزند آن‌ها همیشه بهترین تصمیم‌ها را می‌گیرد و دست از تلاش نخواهد کشید.

احساس ارزشمندی و توانمنـدی یک احساس درونی است که یک‌شبه نمی‌توان آن را ساخت. پایه‌های آن از احساس تعلق و مهــم بودن نشئت می‌گیرد. این باور زمانی ساخته می‌شود که کودک توانایی خود را باتجربه کردن به دست بیاورد نه اینکه به او گفته شود تو توانا هستی!

> والدین نمی توانند باور ارزشمندی را به کودک بدهند، کودک باید با آن احساس بزرگ شود.

بخش پنجم - هنر انگیزه سازی

قدرت بهبودپذیری

احساس ارزشمندی به کودکان شجاعت این را می‌دهد که ریسک کنند و هرروز یک تجربه جدید را انجام دهند از بالا رفتن از پله‌ها بدون کمک گرفته تا پیدا کردن دوست در پارک. کودکانی که احساس ارزشمندی کمتری دارند، کمتر دست به ریسک و کارهای تازه می‌زنند.

اما ریسک‌ها و تجربیات جدید همیشه برای کودکان موفقیت آمیز نیست و حتماً با ناکامی‌ها و شکست‌هایی روبرو می‌شوند، اینجاست که یک مهارت جدید را می‌توانیم در کودک تقویت کنیم. این مهارت **قدرت بهبودپذیری**[1] نام دارد. قدرت بهبودپذیری عبارت است از توانایی دوباره قوی، سالم و موفق شدن بعد از یک ناکامی و شکست. در کودکان این مهارت وجود دارد و مادر و پدر می‌توانند به فعال شدن و تقویت آن کمک کنند.

در اینجا لازم به ذکر است که اگر ما والدین بسیار محتاطی هستیم و اجازه نداده‌ایم اتفاق‌های بد، شکست و ناکامی در زندگی کودک به‌اندازه کافی اتفاق بیافتد، آن کودک نمی‌تواند قدرت بهبودپذیری را یاد بگیرد.

- راه‌های پرورش قدرت بهبودپذیری برای کودکان زیر ۳ سال

۱- داستان‌گویی

داستان‌هایی از قهرمانانی که با تلاش و پشتکار، بعد از شکست، به پیروزی و موفقیت دست‌یافته‌اند، بسیار به پرورش این مهارت کمک می‌کند. برای کودکان زیر سه سال اینکه قهرمان داستان خودشان باشند بسیار جذاب است، به دلیل اینکه بسیار آسان‌تر خود را تجسم می‌کنند.

---

[1] Self Resilienc: The ability to become strong, healthy and successful again after something bad happened.

۲- نجات دادن بچه‌ها از مهلکه‌های غیر خطرناک را حذف کنیم.

با آنکه بچه‌ها در سنین پایین معنای خطر را نمی‌دانند و باید همیشه مانند یک هلیکوپتر مراقب بالای سر آن‌ها باشیم اما درعین‌حال باید اجازه تجربه کردن را به آن‌ها بدهیم، خانه را امن کنید و اجازه دهید در خانه بدوند و بازی کنند، اجازه دهید لیوان آب را پر کند، لیوان چینی شکسته شود، آب در حمام پخش شود، قابلمه‌ها طبل شوند، زانوهایشان زخم شوند، میوه‌ها له شوند و غذاها با دست و صورت و بدن لمس شوند.

مخصوصاً پدرها و مادرهایی که مرتبه اول است بچه‌دار می‌شوند بسیار محتاط هستند و اجازه نمی‌دهند کودکشان بعضی از تجربیات را کسب کنند. گاهی اوقات فرزندمان را می‌بینیم که ساعت‌ها مشغول پوشیدن یک کفش یا جوراب است، بسیاری از مادرها و پدرها از دیدن این صحنه خسته می‌شوند و به نجات او می‌روند و کفش را به پایش می‌کنند آنجاست که لذت پیروزی و احساس خوشایند ارزشمندی و توانمندی را در کودک از بین می‌بریم اما او که ۸ ساله می‌شود، خودمان شکایت داریم که چرا فرزندمان مانند بچه‌های دیگر هنوز نمی‌تواند بند کفشش را گره بزند. زمانی که در دوسالگی می‌خواهد کمک ما کف خانه را جارو بکشد، به او می‌گوییم: **"کار تو نیست!"** اما زمانی که ۱۰ سالگی شد می‌گوییم چرا در کارهای خانه کمک نمی‌کند.

۳- در زمان اشتباه واکنش زیاد نشان ندهیم:

زمان‌هایی است که کاسه سوپ در کف آشپزخانه واژگون می‌شود و یا ظرف کریستال یادگاری مادرمان می‌شکند و یا رنگ روی فرش پخش می‌شود همه ما ناراحت می‌شویم و واکنش‌های متفاوتی نشان می‌دهیم. بار اول که این اتفاق بیافتد که واقعاً یک اتفاق بوده به علت اینکه هنوز مهارت‌های گرفتن اجسام برای کودک من کامل نشده است، اگر واکنش بسیار شدیدی نشان دهیم دو حالت ممکن است اتفاق بیافتد یا فرزند شما فکر می‌کند با این کار می‌تواند توجه شما را به خود جلب کند و دوباره آن کار یا شبیه آن را انجام می‌دهد و یا احساس می‌کند که توانایی انجام آن کار را ندارد و از تلاش دوباره سر باز می‌زند. پس واکنشمان را کم کنیم اما از آن اتفاق مانند یک فرصت بهره بگیریم؛ مانند هلن و بیتا و لیوان شیر در داستان اول بخش صفحه ۱۳۴.

نکته: در و دیوار خانه از فرزند ما مهم‌تر نیست.

بخش پنجم - هنر انگیزه سازی

این موضوع را اینجا بیان کردم، به دلیل اینکه در بین والدین، مادرها و پدرهایی هستند که به فرزندشان اجازه حرکت، جنب جـوش یا حتی لذت بردن‌های ساده از محیط خانه را نمی‌دهند، چون نمی‌خواهند خانه کثیف یا وسایل خانه خراب شود. البته که نباید وسایل را خراب کنیم، اما بکن و نکن های زیاد از حد، اگر منجر به این ذهنیت برای کودکان شود که: "من خراب‌کارم " و یا "من ناتوانم " آنگاه است که فرزند ما از دست زدن به کارهای بزرگی که منتهی به موفقیت می‌شود سر باز می‌زند چون احساس ناتوانی می‌کند و اما وسایل خانه ما سالم مانده است! اما اعتماد به نفس کودک ما خراب شده است.

۴- عشق بدون شرط

آیا کودک شما سؤالاتی این‌گونه از شما می‌پرسد:
- مرا دوست داری؟
- مرا هنوز دوست داری؟
- من هنوز بچه خوبی هستم یا نه؟

اگر کودک شما از شما این سؤالات را می پرسد، بدانیم که عشق بدون قید و شرطی که در دل به آن‌ها داریم (و همه مادر و پدرها دارند) را اشتباه به آن‌ها نشان داده‌ایم. عشق بدون شرط زمانی است که کودک بدانند مادر و پدر باوجود اشتباهات او، همیشه او را دوست دارند. آن زمان است که او احساس ارزشمندی می‌کنند.

۵- آن‌ها را باور کنید و این باور را به آن‌ها نشان دهید.

کودکان زیر سه سال قبل از اینکه واژه‌های شما را ارزیابی کنند به زبان بدن شما توجه می‌کنند، آن‌ها را با قلب باور کنیـد. آن‌ها ترس و همین‌طور باور را در چشم والدینشان می‌بینند. انسان‌های بزرگ دنیا، در دامن پدر و مادر و یا پدربزرگ‌ها و مادربزرگ‌هایی پرورش یافتند که آن‌ها را باور داشتند. باور قلبی به توانایی آن‌ها، با گفتن تو می‌توانی؟ به وجود نمی‌آید. بلکه با دادن مسئولیت‌ها و اجازه تجربه بعضی از کارهاست که ساخته می‌شود.

۶- شرایط پیروزی‌های کوچک را مهیا کنید.

این یکی از بهترین ابزارهای انگیزه سازی است. چالش‌های کوچک و لذت بخشی که فرزندتان از پس انجام آن برمی‌آید را به او دهید تا انجام دهد و زمانی که انجام داد، تلاشی که کرده است را تشویق کنید و چالش را کمی سخت‌تر کنید.

۷- مهارت‌ها را به آن‌ها آموزش دهید.

آموزش مهارت باید آخرین راه باشد، ابتدا سعی کنید با سؤال کردن خلاقیت او را فعال کنید و اجازه دهید فکر کند گاهی آن‌ها راه‌هایی برای انجام کارها پیدا می‌کنند که ما بزرگ‌ترها هنوز به فکرمان نرسیده است.

اگر قرار بود بچه ها مثل والدین می شدند و در انجام کارها فقط آنها را الگو کنند، پس بشر از روز اول، تا این حد رشد نمی کرد و هر نسل برتر و پیشرفته تر از نسل قبل نمی شد!

برای آموزش مهارت، از دستش کاری را نگیریم که بخواهیم درست آن کار را انجام دهیم بهتر است آن کار را برای خودمان در مقابل او انجام دهیم. مثلاً در مقابل او جوراب بپوشیم اما جورابش را پایش نکنیم.

نکته بسیار مهمی که در رابطه با آموزش می‌خواهم با شما در میان بگذارم این است که: کودکان تا سن ۵ سالگی نباید آموزشی به نام **آموزش آکادمیک** داشته باشند. متأسفانه بسیاری از مهدکودک‌ها و مؤسسه‌ها با بزرگ کردن آموزش و بر سر رقابت انداختن خانواده‌ها، از آن‌ها هزینه‌های زیادی بابت آموزش می‌گیرند و مادرها و پدرها که نمی‌خواهند فرزندشان از جامعه عقب بیافتد، هم به دنبال این آموزش‌های هستند. می‌دانم با شنیدن این جمله‌ها تعجب می‌کنید اما در پیشرفته‌ترین سیستم‌های آموزشی دنیا، کلاس آکادمیکی برای بچه‌های زیر ۵ سال نیست که نقاشی و کامپیوتر، موسیقی، شعر، ریاضی، خواندن و نوشتن یا هر چیز دیگری را به‌صورت حرفه ایی یاد بدهد. کلاس‌های ورزش مانند شنا بیشتر آب‌بازی و خوش‌گذرانی است. نقاشی و شعر فقط دلبخواهی و بازی است. شما پدر و مادرهای عزیز آنچه کودک شما می‌خواهد، آموزش حروف الفبا و یا شمارش نیست، آنچه کودک شما در سنین زیر ۵ تا ۶ سال می‌خواهد **اسباب‌بازی** و **هم‌بازی** است.

این همبازی باید هم بزرگ‌ترها باشند و هم بچه‌های هم‌سن‌وسال خودش. در بازی آزاد (بدون قانون و بدون آموزش) آن‌ها هر آنچه نیاز دارند یاد می‌گیرند.

۸- به رفتارهای مثبت تمرکز کنید.

کودکان باهم متفاوت‌اند، یکی در ۹ ماهگی راه میافتد، یکی در ۱ و نیم سالگی، یکی در یک‌سالگی می‌تواند جمله بگوید، یکی تا ۳ سالگی هنوز حرف نمی‌زند. یکی خوش‌خنده است اما شب‌ها بد می‌خوابد، یکی شب‌ها راحت می‌خوابد، اما خجالتی است. یک پدر و مادر دانا هیچ‌گاه در مقابل فرزندشان آن رفتاری که آزارشان می‌دهد را عنوان نمی‌کنند و نکات مثبت فرزندشان را می‌بینند و برای توانایی‌های مثبت فرزندشان، چالش‌های مناسب برای او تدارک می‌بینند، این‌گونه احساس توانمندی او را افزایش می‌دهند و او در زمینه‌های دیگر هم رشد خواهد کرد. هر صفت انسانی لزوماً بد نیست، هنر ما این است که چطور آن صفت را به جهت مثبت، سمت‌وسو دهیم. یک مادر و پدر می‌توانند **یک‌دنده بودن** فرزندشان را به سمت شخصیت خوب **صاحب‌نظر بودن** هدایت کنند.

وقتی به دنیا اومدی

خلاصه آنچه در این بخش آموختیم:

- کودک با ورود به سال دوم زندگی‌اش، می‌خواهد دنیای اطرافش را کشف کند، با دقت هر چیزی را بررسی، امتحان و وارسی کند تا توانایی‌هایش را بشناسد.

- نقش پدر و مادر در سنین بین ۱ تا ۳ سالگی بسیار مهم است، می‌توانند از این نیاز کودک به استقلال، به او انگیزه مثبت دهند و تا او با اطمینان و اعتمادبه‌نفس بزرگ شود.

- تشویق بسیار سازنده و تحسین مخرب است. تحسین و تشویق سه تفاوت عمده باهم دارند. **تحسین**: تمرکز بروی انجام دهنده است، تمرکز بروی نتیجه نهایی است و باعث فعال شدن انگیزه بیرونی می‌شود. **تشویق**: تمرکز بروی کاری که انجام‌شده است، پروسه انجام کار و تلاش است و با آن نیروی انگیزه سازی درونی فعال می‌شود.

- برای پرورش قدرت بهبودپذیری در کودکان که همان تلاش بعد از شکست است. انجام اقدامات زیر از طرف پدر و مادر مهم است:

۱- داستان‌های قهرمانان را برایشان بگوییم.
۲- نجات دادن بچه‌ها از مهلکه‌های غیر خطرناک را حذف کنیم.
۳- در زمان اشتباه واکنش زیاد نشان ندهیم.
۴- عشق بدون شرط به آن‌ها بورزیم.
۵- آن‌ها را باور کنید و این باور را به آن‌ها نشان دهید.
۶- شرایط پیروزی‌های کوچک را مهیا کنید.
۷- مهارت‌ها را به آن‌ها آموزش دهید.
۸- به رفتارهای مثبت تمرکز کنید.

تمرین‌های بخش پنجم:

- در روز چند بار به کمک فرزندانمان می‌آییم؟ کدام‌یک از آن کمک‌ها اگر تنها کمی صبر می‌کردیم کودکمان از پس آن برمی‌آمد؟

جملات مخرب حذف شونده	جملات سازنده جایگزین شونده
- بچه بدی شده‌ای	- این کار تو کار خوبی نبود.
- بچه بدی شده‌ای.	- این کار تو را دوست ندارم.
- بچه خوبی هستی.	- این کار تو بسیار خوب است.
- این کار خوب را که می‌کنی بیشتر دوستت دارم	- من همیشه تو را دوست دارم.
- تو باهوشی.	- تو برای این کار خیلی تلاش کردی.
- این نقاشی خیلی قشنگ شده است.	- معلومه نقاشی کشیدن را دوست داری.
- لباست چه خوشگله!	- چه انتخاب قشنگی واسه لباس کردی.
- آفرین به تو که این پازل را حل کردی.	- دیدی وقتی تلاش می‌کنی نتیجه می‌گیری
- پسر من خجالتی است.	- پسر من برای بار اول آشنایی کمی به زمان *نیاز* دارد.

بخش ششم

فرزند کامل با مغز کامل

در یک روز گرم تابستانی رامین ۲ ساله و خاله‌اش، از پارک به خانه بازمی‌گشتند، خالهٔ رامین رانندگی می‌کرد و رامین در حال تماشای خیابان از شیشه عقب ماشین بود که ناگهان صدای بسیار بلندی آمد و آن‌ها تصادف بسیار شدیدی کردند، به‌طوری‌که ماشین در کنار خیابان واژگون شد. به مادر رامین خبر دادند که حال رامین خوب است اما خواهرش را به خاطر شکستگی گردن و جراحت‌های دیگر به بیمارستان برده‌اند. زمانی که مادر رامین به محل حادثه رسید، خاله را به بیمارستان برده بودند و یک آتش‌نشان داشت با رامین حرف می‌زد و سعی می‌کرد به او وسایل آتش‌نشانی را نشان دهد و او را سرگرم کند تا گریه نکند. مادر رامین تا رسید، رامین را در آغوش کشید و رامین با گریه اتفاق را با زبانی که شاید فقط مادر می‌فهمید توضیح داد، مادر رامین فقط به چشمان پسرش نگاه می‌کرد و سرش را به علامت تأیید تکان می‌داد.

بسیاری از مادران در این لحظه چه می‌کنند؟ کودک را در آغوش می‌گیرند و جملاتی نظیر این می‌گویند:

- "اشکال ندارد. دیگر تمام شد."
- "خدا را شکر که حالت خوب است. دیگر به آن فکر نکن"

وقتی به دنیا اومدی

و سعی می‌کنند او را ازآنجا دور کنند و ذهن او را درگیر چیزهای دیگر کنند مثلاً او را به بازی و اسباب‌بازی سرگرم کنند تا آن لحظه را فراموش کند. حتی تا چند روز آینده هم اگر کودک بخواهد در مورد آن موضوع صحبت کند، آن فکر را از او دور می‌کنند؛ اما این روش باعث می‌شود ترس‌های بزرگی در کودک شکل بگیرد و اثر آن برای همه عمر بماند. رامین به‌احتمال بسیار زیاد کل جریان تصادف را به فراموشی می‌سپارد اما اثر این اتفاق و احساسی که با آن حادثه همراه بوده است مانند یک ترس حل‌نشده همیشه با رامین خواهد ماند. دلیل اینکه بسیاری از ما از ارتفاع، رانندگی، فضای بسته و خیلی چیزهای دیگر می‌ترسیم به این دلیل است که در کودکی بر اتفاقات شبیه این سرپوش گذاشته‌شده است.

اما مادر رامین که یک مادر کامل بود، اجازه داد رامین هر چه می‌خواهد و هرچند روز که می‌خواهد در مورد تصادف تعریف کند و حتی چون رامین هنوز نمی‌توانست جمله‌ها را بیان کند به‌جای کلمه آژیر صدای آن را درمی‌آورد، مادر به او کمک می‌کرد و جملات او را به نشانه اینکه آن‌ها را می‌شنود و می‌فهمد تکرار می‌کرد به‌طور مثال می‌گفت: **"بله پسرم تو و خاله شیرین در ماشین خاله شیرین بودی و تصادف کردید"** و رامین دوباره با هیجان بسیار زیادی شروع به توضیح دادن می‌کرد و مادر تأیید می‌کرد و این هیجانات تا چند روز ادامه داشت و در این جریان مادر ادامه می‌داد: **"آمبولانس خاله را به بیمارستان برد و اکنون حالش خیلی بهتر است."** بعد از چند روز رامین کمتر در مورد تصادف صحبت می‌کرد، اینکه مادرش به او اجازه داد در مورد آن تصادف صحبت کند به او کمک کرد که ذهنش را پردازش کند، به این مفهوم **یکپارچگی ذهن** می‌گویند که به فرزندان ما کمک می‌کند رویدادهای زندگی را راحت‌تر درک کنند و بر هیجانات بهتر و بیشتر کنترل داشته باشند و بتوانند در زندگی تصمیمات درستی بگیرند.

تمام مشکلات روانشناسی که در بزرگ‌سالان وجود دارد، ریشه در تجربیات گذشته آن‌ها دارد که مانند یک مشکل حل‌نشده باقی‌مانده است. بسیار خوب است که اکنون شما به‌عنوان پدر و مادر در حال یادگیری این مطالب هستید، زیرا بسیاری از راهکارهای این کتاب می‌تواند به شما و فرزند شما کمک کند که از مسائل و مشکلاتی مانند این به‌راحتی عبور کنید.

بخش ششم – فرزند کامل با مغز کامل

متأسفانه بسیاری از کتابهایی که برای والدینی که فرزندان ۰ تا ۳ سال دارند تا کنون نگاشته شده است، درباره نحوه شیر دادن، خواباندن، دلایل گریه و به طور کلی مشکلات فیزیکی است، البته دانستن این مسائل هم مهم است اما قسمت عمده شخصیت هر فردی در سن ۰ تا ۷ سالگی شکل می گیرد و دانش و شیوه برخورد مادر و پدر در شکل گیری تجربیات و ساخت شخصیت فرزند، بسیار حیاتی است.

خوشحالم که شما که در حال خواندن این کتاب هستید تا این ابزار ها را بکار بگیرید.

یکپارچگی مغز:

برای بهره برداری کامل از این پیچیده ترین سیستمی که در دنیا وجود دارد، یعنی مغز، در سه مرحله باید مغز را یکپارچه کنیم،

الف . یکپارچگی مغز راست و چپ
ب . یکپارچگی مغز بالا با پایین
ج . یکپارچگی خاطرات

وقتی به دنیا اومدی

الف . یکپارچگی مغز بالا با پایین

> دو مغز بهتر از یک مغز است:

این اصطلاحی بود که در سمینار اخیر شبکه روان‌درمانگران [1] در واشینگتن از دکتر دانیل سیگل [2] شنیدم. دکتر سیگل راهکارهای شگفت‌انگیزی برای استفادهٔ کامل از مغز به دنیا ارائه داده است؛ که در این فصل به بعضی از این راهکارها که مناسب با کودکان زیر سه سال است اشاره می‌کنیم.

یکی از تقسیم‌بندی‌های مغز، نیمکره چپ [3] و راست [4] است. همان‌طور که در تصویر می‌بینید مغز ما در قسمت بالا از دو نیمکره چپ و راست تشکیل‌شده است که این دو نیمکره از جلو پیشانی (بالای چشمان ما) تا قسمت بالای پشت سر ما امتدادیافته است.

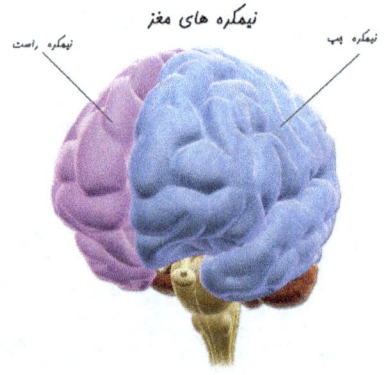

نیمکره‌های مغز

---

[1] Psychotherapy Networker Symposium March 2018 Washington DC
[2] Danial J Siegel Phd
[3] Left Hemisphere of Brain
[4] Right Hemisphere of Brain

وظایف آن‌ها پردازش، تصمیم‌گیری و برنامه‌ریزی است. واکنش‌های غیر آنی ما را به عهده‌دارند.

انتخاب‌ها و تصمیمات کودکان بر اساس شور و مشورت این دو نیمکره و باکمک اطلاعاتی که در حافظه ذخیره‌شده‌اند، صورت می‌گیرد. نیمکره راست و چپ، تجربیاتی که در حافظه ذخیره‌شده‌اند را صدا می‌زنند و تصمیم‌گیری‌های آینده را بر اساس آن‌ها انجام می‌دهند.

طی تحقیقات دانشمندان در پنجاه سال گذشته، مشخص‌شده است که هرکدام از این نیمکره‌ها داری کارکرد و وظایف متفاوتی در مغز ما هستند.

مغز چپ:

مغز چپ علاقه شدیدی به نظم دارد، منطقی است، دقیق است، ریاضیات می‌داند، زبان و کلمات را هدایت می‌کند. دوست دارد کارها را لیست کند و نظم و ترتیب ببخشد. تفکر او بر اساس داده‌ها و جزئیات است. پردازش او بر اساس احساسات نیست. مغز چپ نوگرا نیست. خلاقیت و تغییر را دوست ندارد.

مغز چپ کودک ما از بدو تولد رشد می‌کند اما تا ۲۵ سالگی در حال کامل شدن است.

مغز راست:

مغز راست دقیقاً برعکس مغز چپ عمل می‌کند، کل‌نگر و احساسی است. به نشانه‌های غیرکلامی مانند زبان بدن توجه می‌کند، تخیلات و نوآوری‌ها را شکل می‌دهد. نقاشی می‌کشد و به طنین صداها و ایماواشاره‌ها توجه می‌کند. این مغز همان استعاره ایست که در قدیم و در داستان‌ها از قلب و یا دل داریم. زمانی که مادرهایمان به ما نصیحت می‌کردند که با قلبت تصمیم نگیر، منظور واقعی آن‌ها این بود که فقط برای تصمیم‌گیری از مغز راست بهره نگیریم و از مغز چپ هم استفاده کنیم.

عمده رشد مغز راست تا ۳ سالگی است.

با این توضیح کمی به هدف این جمله دکتر سیگل نزدیک می‌شویم که می‌گوید:

دو مغز بهتر از یک مغز است!

وقتی به دنیا اومدی

- هماهنگی مغز چپ و راست:

یک انسان زمانی می‌تواند بهترین بهره‌برداری را از مغزش بکند و بهترین انتخاب‌ها را انجام دهد که هم‌زمان و به تعادل از هر دو طرف مغزش استفاده کند.

راهکارهای کمک به کودک برای بهره‌گیری از دو قسمت مغز:

۱- ابتدا با مغز راست او ارتباط برقرار کنید:

مثال: فرض کنید که از فروشگاه بزرگ شهر، بیرون آمده‌اید و چرخ خرید شما پر از کیسه‌های خرید است و در حال هُل دادن آن چرخ هستید و دختر کوچکتان هم در آن چرخ نشسته است و از شما می‌خواهد که او را بغل کنید و شروع به نق زدن و گریه می‌کند.

شما به او می‌گویید: **"ببین! دارم چرخ را هُل می‌دهم. نمی‌توانم تو را بغل کنم!"** در این حالت شما در حال ارتباط گرفتن با قسمت منطقی و یا چپ مغز او هستید؛ اما او باز به گریه ادامه می‌دهد، چون اکنون فقط قسمت راست مغز او در حال پردازش است و به شرایط منطقی نمی‌تواند فکر کند.

مغز راست و احساسی کودک شما بیشتر رشد کرده و بیشتر مورد استفاده قرار می‌گیرد و مغز او این مسئله که واقعاً نمی‌توانید او را بغل کنید را پردازش نمی‌کند. در این حال بهتر است ابتدا با زبان مغز راست او حرف بزنید و زمانی که با مغز راست او ارتباط گرفتید می‌توانید، با راهکارهایی مغز چپ و منطقی او را هم وارد پردازش و تصمیم‌گیری کنید.

این ابزار یکی از بهترین ابزارها برای ارتباط گرفتن با کودک است.

برای ارتباط با مغز راست باید با زبان بدن آغاز کنید، صورت شما حالت همدردی به خود می‌گیرد، از راه رفتن می‌ایستید و سر او را می‌بوسید، می‌گویید: **"می‌دانم دوست داری بغل بشوی، کاش می‌توانستم بغلت کنم!"** آنگاه مغز راستش به شما اجازه ارتباط می‌دهد. **"می دونی چرا نمی‌توانم بغلت کنم؟"** در اینجا از طریق کلمات و سؤال پرسیدن مغز چپ او را به کار می‌گیرید.

بخش ششم – فرزند کامل با مغز کامل

> یکی از راههای ارتباط با نیمکره راست لمس کردن و بوسیدن است.

۲- جملات دستوری را به سبک مغز راست بگویید:

جملات دستوری که به کودک می‌گویید مانند: **"باید به تخت بروی."** و یا **"این آب‌نبات را نمی‌توانی بخوری."** مستقیم به مغز چپ او وارد می‌شود درصورتی‌که مغز راست درکودکان فرمانده است. زمانی که می‌خواهید کاری انجام دهید که می‌دانید کودک با آن کار مخالف است و یا آرامشش را به هم می‌ریزد (بعضی از کودکان از حمام کردن و یا بعضی از خوابیدن و یا بعضی برای عوض کردن پوشک لذت نمی‌برند و ناآرامی می‌کنند) ابتدا باحالتی که به زبان بدن و صورت خود می‌دهید، به آن‌ها نزدیک شوید. قبل از اینکه به آن‌ها بگویید وقت خواب است. با ادا درآوردن به مغز راست او وارد شوید و سپس به او بگویید: **" می‌خواهیم باهم به تخت برویم "**. شما می‌توانید بجای استفاده از کلمات، از بازی‌ها و شکلک‌ها برای بچه‌ها استفاده کنید که این نوع زبان بدن پل ارتباطی با مغز راست است.

۳- هیجانات کودکتان را نام‌گذاری کنید:

به این موضوع در بخش بعدی بیشتر می‌پردازیم، اما یکی از بهترین راه‌های استفاده از دو طرف مغز، نام‌گذاری احساسات و هیجانات است. مثال:

"دختر خوشگل من عصبانی شده که نمی‌توانم بغلش کنم"
"پسرم بگو ببینم از اینکه تو اتاق تنها بخوابی می‌ترسی؟"
"وقتی بابا تو را بالا می‌اندازد، چه احساسی داری؟ هیجان داری؟"

ب . یکپارچگی مغز بالا با پایین

به بالای مغز نردبان بزنیم!

در فصل دوم درباره دو طبقهٔ مغز صحبت کردیم و در اینجا می‌خواهیم بیشتر به این موضوع بپردازیم. در این تقسیم‌بندی مغز دو قسمت بالا و پایین دارد که قسمت بالا همان واحد پردازش است که دارای دو نیمکره راست و چپ است و قسمت پایین که واکنش‌های آنی و هیجانات را به عهده دارد.

در اینجا می‌خواهیم در مورد طبقه پایین مغز و هماهنگی آن با بخش بالا صحبت کنیم. بخش پایینی مغز که از استخوان بینی تا بالای گردن قرار دارد بخش پاسخگویی سریع به تغییرات است. دستورات به قسمت‌های مختلف بدن از بخش پایینی[1] صادر می‌شوند، این دستورات می‌توانند واکنش به فرار در برابر یک حیوان خطرناک و یا داد کشیدن در زمان درد و یا پرت کردن اسباب‌بازی به سمت خواهر کوچک‌تر زمان عصبانیت باشند.

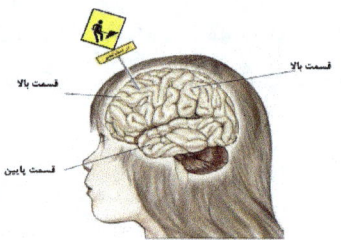

اگر این تصویر را از بخش دوم به خاطر داشته باشید، گفتیم که چگونگی ارتباط بین مغز بالا و پایین در سن ۰ تا ۳ سالگی شکل می‌گیرد. در این سنین فرزند ما یاد می‌گیرد که اگر اتفاق ناگواری افتاد و یا جایی نیاز به تصمیم‌گیری فوری داشت چگونه از مغز بالای خود استفاده کند و تصمیم درستی بگیرد.

در حالت کلی زمانی که کودک ما نیاز به تصمیم‌گیری آنی دارد فقط از مغز پایین فرمان می‌گیرد مثل زمانی که یک حیوان او را دنبال می‌کند و او فرار می‌کند و یا بستن چشم‌هایش وقتی جسمی

---

[1] Limbic Region

بخش ششم – فرزند کامل با مغز کامل

به سمت صورتش پرت می‌شود؛ اما ما انسان‌ها زمانی که بسیار عصبانی و یا هیجان‌زده هم می‌شویم، گاهی اوقات بدون اینکه از مغز طبقه بالا دستور بهتر و پردازش شده‌ای بگیریم عکس‌العملی نشان می‌دهیم که باعث می‌شود بعداً که آرام شدیم پشیمان شویم. دستور این عکس‌العمل از طبقه پایین مغز صادر می‌شود. انسان‌هایی که در بزرگ‌سالی قادر به کنترل رفتارهایشان در شرایط بسیار بحرانی هستند و می‌توانند، آرامش خود را حفظ کرده و بهترین تصمیمات را بگیرند، یاد گرفته‌اند که به‌خوبی در شرایط بحران به طبقه بالای مغز خود نردبان بزنند و تصمیم‌گیری را به‌جای طبقه پایین، به طبقه بالا (مغز راست و چپ) بسپارند.

در اینجا به ابزاری می‌پردازیم که به ما کمک می‌کند با کودک خود زمانی که بسیار هیجان‌زده می‌شود، به‌درستی ارتباط بگیریم و به او یاد بدهیم که از مغز بالایی خود در زمان هیجاناتش استفاده کند. ارتباط خوب بالا و پایین باعث ایجاد رفتارهای خوبی در فرزندمان می‌شود مثل:

- تصمیم‌گیری و برنامه‌ریزی دقیق و باثبات
- کنترل بر هیجانات
- هدایت ادراکات خودکار
- همدلی
- پایبندی اخلاقی

در بخش مغز پایینی دو بادامه وجود دارند به نام **آمیگدال**[1] که کارشان جواب‌گویی سریع هیجانات، به‌ویژه خشم و ترس است. به آن دو بادامه، **سگ نگهبان** مغز نیز می‌گویند وجود این دو باعث می‌شود که در بسیاری از موارد با واکنش‌های سریع و باورنکردنی جان خود را نجات دهیم اما در شرایط استرس و خشم نیز این دو توده بسیار فعال می‌شوند به صورتی که گاهی کنترل از دست ما می‌رود و کارهایی می‌کنیم که بعداً پشیمان می‌شویم. وظیفه ما به‌عنوان والد این است که به فرزندانمان یاد بدهیم زمان خشم و استرس چگونه قبل از واکنش از مغز پایین به بالا نردبان بزنند و اجازه دهند تصمیم نهایی با شور و مشورت مغز بالا (چپ و راست) صادر شود و مغز میانی فقط یک سگ نگهبان هشدار دهنده بماند.

---

[1] Amygdala

- هماهنگی مغز بالا و پایین (چگونگی به‌کارگیری کورتکس)

۱- یکی از مهم‌ترین آموزش‌ها برای کودک، خود ما هستیم، آن‌ها قبل از اینکه ما را بشنوند، کار ما را عیناً کپی می‌کنند.
نوشین یکی از مادرانی است که به کلاس‌های ما می‌آمد تعریف می‌کرد که قبل از اینکه بچه‌دار بشود بسیار زود عصبانی می‌شد و با شدت زیادی واکنش نشان می‌داد و قبل از بارداری تصمیم می‌گیرد این عادت خود را تغییر دهد. در نتیجه در کلاس‌های بهبود فردی شرکت می‌کند. در آن کلاس‌ها تمرین می‌کردند که زمان عصبانیت و استرس روبروی دیوار بایستد و ۶ نفس عمیق بکشد این کار درواقع آرام کردن مغز پایینی و کمک خواستن از مغز بالایی است و او توانسته بود تا حد بسیار زیادی عصبانیت خود را کنترل کند و اکنون تینا دختر ۱۵ ماهه‌اش، هرگاه که مادر اجازه کاری را به او نمی‌دهد و تینا عصبانی می‌شود، تینا عیناً روبروی دیوار می‌ایستد و نفس‌های عمیق می‌کشد و حس می‌کند باید بدین شکل نشان بدهد که عصبانی است.

به خودمان نظر بیندازیم وقتی از کوره درمی‌رویم آیا تأمل می‌کنیم و به ذهنمان اجازه می‌دهیم تا تصمیم درست را بگیرد و یا عصبانیت را نشان می‌دهیم و واکنشی می‌کنیم که بعداً از آن پشیمان می‌شویم.
کودک ما هم دقیقاً رفتاری که ما انجام می‌دهیم را انجام می‌دهد. زمانی که کودک ما کار خطرناکی می‌کند داد می‌زنیم و دست و پای خود را گم می‌کنیم و یا تصمیم درستی می‌گیریم و اقدام می‌کنیم.
مانند زمانی که کودک دوساله‌مان را از ماشین پیاده می‌کنیم و او ناگهان به سمت خیابان می‌دود آیا ما بلافاصله به سمت او می‌دویم و او را از ماشینی که به سمتش می‌آید دور می‌کنیم و یا آنجا می‌ایستیم و فریاد می‌زنیم.

۲- هیچ کودکی از کلمه **نه** خوشش نمی‌آید، زمانی که کودک شما کاری را انجام می‌دهد که شما مجبورید به او نه بگویید، کمی فکر کنید به‌جای نه گفتن که فقط مغز پایین او را درگیر می‌کند، چه می‌توانم به او بگویم که مغز بالا را فعال کند، فرض کنید که کودک یک‌ساله شما که تازه راه افتاده یک چوب پیداکرده و دارد آن را به آینه می‌کوبد و از صدایش لذت می‌برد، اگر چوب را از او بگیریم، مغز پایین او دستور گریه و ناراحتی می‌دهد، اما یک مادر کامل او را بغل کرده به

آشپزخانه می‌برد و هم‌زمان به او می‌گویید: **"بگذار ببینـــیم چی می‌توانیم پیدا کنیم که چوبت را توی آن بکوبی "** و درب کابینـت پلاستیکی‌ها را باز می‌کند و تشتی درمی‌آورد و از فرزندش می‌پرسد: **"این چطور است؟ امتحان کن."** اینجاست که کودک به طبقه بالای مغز می‌رود و به فـکر می‌رود که این *تشت چه صدایی خواهـد داد* و *دلیل مادر از این کار چه بود* و هزاران سؤال دیگر.
در این حالت اگر نیاز کودک به کوبیدن و صدا درآوردن حل شود، ممکن است چند بار دیگر کوبیدن به آینه را تکرار کند فقط به دلیل اینکه خود را مطمئن کند دوباره همان جواب را از مادر می‌گیرد یا خیر، اما اگر مادر همان رفتار قبل یعنی پیشنهاد یک تشت را با او بکند، کودک یاد می‌گیرد که زمان نیاز به صدا درآوردن، تشت گزینه مناسبی است. در این فرایند از مغز بالا و پایین در جای خود استفاده می‌شود و حافظه نیز با یکپارچگی خاطره را ذخیره می‌کند. زمانی که عملکردهای درستی نظیر این برای کودک در زمان رشد او زیاد اتفاق بیافتد، استفاده درست از مغز برای کودک به‌صورت یک مسیر عصبی و عادت خوب‌شکل می‌گیرد و برای فعالیت‌های دیگر نیز مغز همین روند را پیش می‌گیرد.

۳- زمانی که کودک ما عصبانی می‌شود و یا استرس دارد، دلیل آن عصبانیت برای ما شاید کم ارزش باشد اما برای او بسیار مهم است، در این حالت بهتر است او را درک کنیم و بدانیم دلیل او و عصبانیت او، برای او به‌جا است آن را نفی نکنیم. احساسش را به زبان بیاوریم. او را در آغوش بگیریم و با او همدردی کنیم به او اطمینان دهیم که به او کمک خواهیم کرد. اگر آن را نفی کنیم او نمی‌تواند از مغز پایین به بالا نردبان بزند و ناچار با مغز هیجانی در حالت دفاعی با ما می‌ماند.

۴- زمانی که آرام‌تر شد و یا حس کردیم به ما اجازه داده که با او ارتباط برقرار کنیم سعی کنیم مغز بالای او را درگیر کنیم. یکی از نشانه‌های آرام شدن آن‌ها، باز شدن مشت آن‌ها، آرام‌تر شدن تنفسشان و پایین افتادن شانه‌هایشان است که تاکنون به بالا جمع شده بود.

۵- زمانی که کودک با نگرانی و استرس زیاد روبروست، بهتر است از یک فعالیت بدنی استفاده کنید، البته نه به هدف پرت کردن حواس کودک بلکه برای آرام‌تر شدن او، فرزند من در روز تولد سه‌سالگی‌اش یکی از بادکنک‌های که با گاز هلیوم پرکرده بودیم به آسمان رفت. او شروع به گریه‌های شدید کرد و آن زمان من او را بغل کردم بعدازاینکه به او قول دادم به او کمک می‌کنم به او گفتم: **"قبل از اینکه راهی برای بادکنک که به آسمان رفته پیدا کنیم، بیا یک‌بار، دور حیاط بدویم و بالا و پایین بپریم تاکمی آرام شویم."** هم‌زمان من جملاتی را بصورت آهنگین می‌خواندم: **"پسر من ناراحته، بادکنکش را باد برده، ای باد تند، کجا بردی بادکنک را "** و به دور حیاط دویدیم. به‌صورت باورنکردنی، کودکانِ کوچک سریع با این روش آرام می‌شوند. (البته مواظب باشید که احساس نکند قصد مسخره کردن او را دارید و فقط هدفتان کمک کردن به اوست). من بعدازآنکه پسرم آرام‌تر شد به او گفتم: **"من واقعاً دوست دارم بادکنک تو را بازگردانم اما نمی‌توانم اما من و تو الان می‌توانیم باهم نخ بقیه بادکنک‌ها را محکم‌تر کنیم که آن‌ها را باد نبرد. موافقی؟"** به‌مرور زمان فرزند ما یاد می‌گیرد که زمان بحران‌های هیجانی، راه برود و یا بدود تا آرام شود.

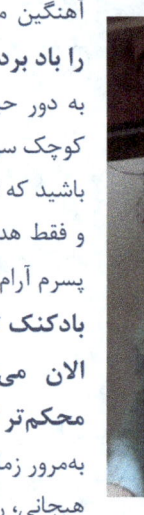

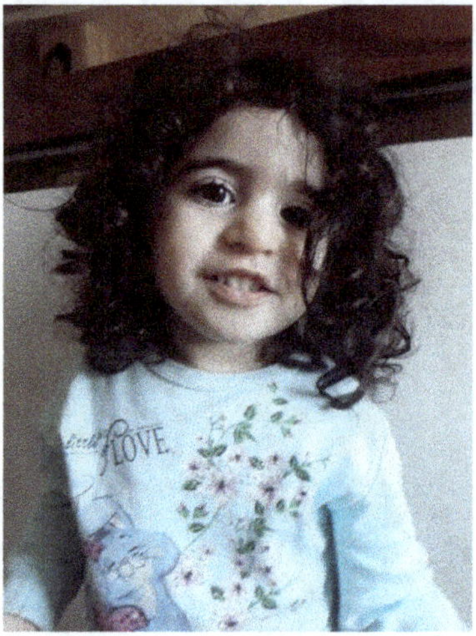

۶- یکی از راه‌های تقویت استفاده از مغز بالا، پرسیدن سؤالات در رابطه با موضوع است. بعد از اینکه مرحله نزدیک شدن به او از طریق همدردی و زبان بدن را انجام دادیم، بجای نصیحت کردن از او سؤالاتی بپرسیم. سؤال پرسیدن بهترین راه برای فعال کردن قسمت تصمیم‌گیری مغز باشد، او برای پاسخگویی به مغز بالایی می‌رود. مادران کاملی که بجای جمله‌های دستوری از جملات سؤالی در مکالمات روزمره استفاده می‌کنند و مادران مهربانی که برای کوچک‌ترین کارها به بچه‌ها حق انتخاب می‌دهند، بچه‌هایی با مغز کامل پرورش می‌دهند و این فرزندان باور می‌کنند که می‌توانند برای آینده و در شرایط سخت تصمیم‌گیری کنند.

بخش ششم – فرزند کامل با مغز کامل

آموزش همدلی:

یکی از بهترین رفتارهایی که می‌توانیم هم‌زمان با به‌کارگیری تکنیک‌های **کامل مغز** به کودکمان آموزش دهیم، همدلی است. همدلی را می‌توانیم از بدو تولد شروع کنیم و به‌طور گسترده در سنین ۱۸ ماهگی به بعد به او یاد بدهیم.

بهترین حالت سؤال کردن و نظر دادن در مورد احوال دیگران است. مثال:

به نظر تو آن دختر که دارد گریه می‌کند چرا گریه می‌کند؟
بابا ناراحت به نظر می‌آید، این‌طور نیست؟
تو که امروز رفتی مهدکودک من احساس تنهایی کردم.

ج . یکپارچگی خاطرات

خاطرات و تجربیات بخش اصلی و دلایل رفتارها و تصمیمات ما را دربرمی‌گیرند. بااینکه هنوز درزمینهٔ حافظه ابهامات زیادی در علم مغز شناسی وجود دارد اما این موضوع که تمام تصمیمات ما به تجربیات گذشته ما بازمی‌گردد، ثابت‌شده است. یکی از یکپارچه‌سازی‌هایی که به فرزندان ما کمک می‌کند در زندگی تصمیمات درستی بگیرند یکپارچه‌سازی حافظه است.

حافظه از دو بخش **آشکار** و **نا آشکار** تشکیل‌شده است. بخش نا آشکار بخشی از حافظه است که به علت تکرار، بدون حضور ذهن و فکر کردن کارهایی را انجام می‌دهید، مثلاً زمان تعویض پوشک فرزندمان نیازی به فکر کردن به اینکه پوشک کجاست و چطور چسب‌های پوشک را ببندیم و امثال این‌ها نداریم و بدون فکر این کار را می‌کنیم، زیرا این کارها را بسیار تکرار کرده‌ایم. حافظه آشکار برعکس آن است زمانی است که به حافظه خود برای یادآوری رجوع می‌کنیم و برای انجام کاری که مکرراً، تکرار نکرده‌ایم، معمولاً باید به خاطرات خود رجوع کنیم و تجربیات مشابهی که می‌دانیم را به یاد می‌آوریم. مثال: حال فرض کنید که بار اول است با نوزادتان با هواپیما سفر می‌کنید و نیاز دارید پوشک او را عوض کنید در اینجا به اطلاعات و حافظه خود رجوع می‌کنید که پوشک‌ها را در کدام کیف گذاشته‌اید و اینکه خواهرتان برایتان تعریف کرده بود که در یک سفر زمان تعویض

وقتی به دنیا اومدی

پوشک فرزندش، هواپیما تکان شدیدی خورده و نزدیک بوده فرزندش از میز تعویض بیافتد. در اینجا از حافظه آشکار و هم نا آشکار کمک می‌گیرید که پوشک فرزند خود را تعویض کنیم. خاطرات نا آشکار ما ممکن است ترسیدن از گربه را باعث شود، اما دلیلش را نمی‌دانیم خاطرات نا آشکار می‌توانند هم مثبت باشند و هم منفی، ما نمی‌توانیم جلو حوادث بد را بگیریم که تبدیل به خاطره نشوند، اما وجود خاطرات بد می‌تواند به ما کمک کند که یک اشتباه را چند بار تکرار نکنیم اما گاهی این خاطرات نا آشکار منفی باعث می‌شوند که جلو رشد ما را بگیرند و زندگی ما را به مخاطره بیندازند.

یکی از وظایف والدین این است که با راهکارهای ساده اما مهم به یکپارچگی خاطره‌های آشکار و نا آشکار کمک کنند به‌طوری‌که کودک بتواند از خاطرات منفی هم درک درستی داشته باشد و آن خاطره را به‌جای منبع ضعف به منبع قدرت تبدیل کند.

وقتی ما به فرزندان خود اجازه نمی‌دهیم که احساسات خود را بیان کنند و واقعه‌های عجیب را تعریف کنند، آن خاطره به‌صورت نا آشکار و بدون یکپارچگی باقی می‌ماند مانند یک فیلم که انتهایش معلوم نیست و نمی‌دانیم از این فیلم حتی چه درسی بگیریم.

در مثال اول بخش، مادر رامین اجازه داد که رامین خاطره را بارها مرور کند، اما هر بار به آخر قضیه می‌رسید، مادر یک نتیجه مثبت را به رامین یادآوری می‌کند که تصادف دیگر تمام شد و تو و خاله‌ام سالم هستید. این خاطره اگر به‌صورت نا آشکار هم بماند پیام یا پسامد منفی برای رامین نخواهد داشت. او از تصادف و یا رانندگی نمی‌ترسد و یا از آتش‌نشان متنفر نخواهد بود که خاله‌اش را از او جدا کرد. بلکه در کودکی به این ادراک رسیده بود که آتش‌نشان جان من و خاله‌ام را نجات داد. این خاطره اگرچه خاطره تلخی بود ولی با ادراک و یا پیامد مثبت به خاطرات بلندمدت سپرده می‌شود. اگر به رامین اجازه داده نمی‌شد که درباره موضوع تصادف حرف بزند و احساسش را بگوید و ممکن بود خاطره مانند فیلم بدون انتها در ذهن رامین می‌ماند و فقط از آن خاطره ترس‌ها بجا می‌ماند؛ اما مادر رامین به او کمک کرد که درک شود و خاطره به سمت نتیجه مثبت برود.

بخش ششم – فرزند کامل با مغز کامل

برای یکپارچگی خاطره برای حالات و اتفاقات خاص در زندگی کودک، بهترین روش همان روشی است که مادر رامین به کاربرد اما در شرایط عادی، برای یکپارچگی خاطرات، قرار نیست کار خاص یا فوق‌العاده‌ای انجام دهیم. کودکان در ۴ حالت قرار می‌گیرند که در این ۴ حالت کافی است هر کاری را متوقف کنیم و به آن‌ها بپردازیم:

- **گرسنگی**: به او چیزی دهیم تا سیر شود.
- **عصبانیت**: به او گوش دهیم.
- **تنهایی**: چند دقیقه با او باشیم.
- **خستگی**: فرصتی فراهم کنیم که استراحت کند.

خلاصه مطالبی که در این فصل آموختیم:

- یکی از تقسیم‌بندی‌های مغز، نیمکره چپ و راست است. مغز ما در قسمت بالا از دو نیم‌کره چپ و راست تشکیل‌شده است.

- مغز چپ علاقه شدیدی به نظم دارد، منطقی است، دقیق است، ریاضیات می‌داند و زبان و کلمات را هدایت می‌کند. دوست دارد کارها را لیست کند و نظم ترتیب ببخشد. مغز چپ ما از بدو تولد رشد می‌کند اما تا ۲۵ سالگی در حال کامل شدن است.

- مغز راست دقیقاً برعکس مغز چپ عمل می‌کند، کل‌نگر و احساسی است. به نشانه‌های غیرکلامی مانند زبان بدن توجه می‌کند، تخیلات و نوآوری‌ها را شکل می‌دهد. نقاشی می‌کشد و به طنین صداها و ایماها و اشاره‌ها توجه می‌کند. عمده رشد مغز راست تا ۳ سالگی است.

- برای هماهنگی مغز چپ و راست باید یاد بگیریم که ابتدا با مغز راست کودک ارتباط برقرار کنیم. با زبان بدن و صورت خود ابتدا به او نزدیک شویم. هیجانات کودکمان را نام‌گذاری کنیم.

- در تقسیم‌بندی بعدی مغز به دو قسمت بالا و پایین تقسیم می‌شود. ارتباط خوب بالا و پایین باعث ایجاد رفتارهای خوبی در فرزندمان می‌شود مثل تصمیم‌گیری و برنامه‌ریزی دقیق، کنترل بر هیجانات، ادراکات خودکار، همدلی، پایبندی اخلاقی.

- اگر با اتفاق بسیار بدی روبرو شد، اجازه دهیم درباره آن حادثه حرف بزند و او را بشنویم، باور کنیم و حرف‌هایش را نفی نکنیم تا آن حادثه عامل سندروم‌ها و فوبیاهای رفتاری در بزرگسازی نشود.

- خاطرات و تجربیات بخش اصلی و دلایل رفتارها و تصمیمات ما را در برمی‌گیرند. تمام مشکلات روانشناسی که در بزرگ‌سالان وجود دارد، ریشه در تجربیات ما دارد که مانند یک مشکل حل‌نشده باقی‌مانده است. حافظه ما از دو بخش آشکار و نا آشکار تشکیل‌شده است. بخش نا آشکار بخشی از حافظه است که به علت تکرار زیاد و بدون حضور و فکر کردن کاری را انجام می‌دهیم، یکی از وظایف والدین این است که با راهکارهای ساده اما مهم به یکپارچگی خاطره‌های آشکار و نا آشکار کمک کنند به‌طوری‌که فرزندمان از خاطرات منفی‌اش هم درک درست داشته و آن خاطره را به منبع قدرت تبدیل کنید.

بخش ششم – فرزند کامل با مغز کامل

- برای یکپارچگی خاطرات کودکان، در حالت عادی قرار نیست کار خاص یا فوق‌العاده‌ای انجام دهیم در ۴ حالت کودکان ما قرار می‌گیرد؛ که در این ۴ حالت کافی است هر کاری را متوقف کنیم و به آن‌ها بپردازیم: گرسنگی (به او چیزی دهیم تا سیر شود)، عصبانیت (به او گوش دهیم)، تنهایی (چند دقیقه با او باشیم)، خستگی (فرصتی فراهم کنیم که استراحت کند).

وقتی به دنیا اومدی

تمرینات این بخش:

۱- هرروز در مورد روزی که گذشت با کودکان صحبت کنیم، یادآوری کنیم که چه‌کارهایی انجام داده‌اند.

۲- در مورد کارهایی که قرار است تا چند روز آینده، با کودکمان انجام بدهیم با آن‌ها صحبت کنیم.

۳- اگر کودکمان می‌توانند حرف بزنند، از آن‌ها بپرسیم که امروز یا دیروز چه کرده و در هر فعالیت که به یاد می‌آورد چه احساسی یا چه حالی داشته است. مثال: "**امروز خانهٔ عمه وقتی رسیدی اول چه کردی؟**" یا پدر می‌پرسد: "**امروز که من خانه نبودم نهار چی خوردی؟**" و یا "**با مامان بیرون رفتی، در خیابان چه دیدی؟**"

۴- در مورد اتفاق‌های ناگواری که برای کودک افتاده است با او دوباره صحبت کنیم:
مثال: دیروز فرزندمان از تاب افتاده است و زانویش زخم شده است، از او بپرسیم:
- یادت هست چرا زانوهایت زخم شد؟ آره، از تاب افتادی.
- یادت هست چه حالی داشتی؟ آره؟
- گریه کردی. چرا گریه کردی؟ آره خوب، درد گرفت.
- حالا درد می‌کنه؟ خوبه که درد نمی‌کنه.
- می‌خواهی حالا که زانوهایت بهتر شده دوباره بریم پارک؟

یادداشت ----------------

بخش هفتم

پرورش هوش عاطفی یا EQ

حتماً همه ما زمانی را به خاطر داریم که تلویزیون بعدازظهرها فقط یک ساعت برنامهٔ کودک نشان می‌داد، تبلت ها و بازی‌های کامپیوتری نبودند، به خاطر داریم از هر خانه صدای بازی بچه‌ها به گوش می‌رسید. عصرها درب خانه اقوام در می‌زدیم و سرزده خانه یکدیگر می‌رفتیم. ساعت‌ها با بچه‌های آن‌ها بازی می‌کردیم، فکر کنم هنوز یادتان باشد که توی کوچه با بچه‌های همسایه بازی می‌کردیم.

آن زمان حرفی از این نبود که ارتباط اجتماعی را یاد بگیریم و یا چطوری استرس را کم کنیم باوجود فشارهای سنگین مدرسه بچه‌ها اضطراب نمی‌گرفتند. آن نسل شاید نسل پدرها و مادرهای ما باشند و یا نسل خودمان.

آن‌ها چرا راحت‌تر با آدم‌های دیگر کنار می‌آمدند، با رئیسشان کمتر دعوا می‌کردند، سر یک شغل سال‌ها می‌ماندند، در خانواده‌ها قهر و دعوا کمتر بود با این همه بیشتر باهم زندگی می‌کردند؛ اما چرا این روزها این‌قدر استرس زیاد شده است و مردم مهارت‌های اجتماعی‌شان کم شده است. برای نسل بچه‌های ما این مشکل به‌مراتب بدتر است.

مهارت‌هایی مانند حل مشکلات، کنترل عواطف، اعتمادبه‌نفس، رویارویی با چالش‌ها و برنامه‌ریزی برای حلشان، احساس ناامیدی نکردن بعد از شکست، مهارت‌های اجتماعی، درک همدردی، ارتباط

وقتی به دنیا اومدی

خوب کاری، نه گفتن به‌موقع، دفاع از خود و کار بهینه گروهی از مهارت‌هایی هستند که به نسل امروز باید از روز تولد آموزش داد.

چرا باید این مهارت را آموزش داد؟

زیرا از نسل امروز بازی باهم سن و سال‌هایشان گرفته‌شده است و جای اینکه بعد از مدرسه با بچه‌های دیگر بازی کنند. از این کلاس به آن کلاس کشیده می‌شوند. بجای خاله‌بازی به رقابت‌های درسی افتاده‌اند. تعداد بچه‌ها در خانه کم شده است، اما تعداد اسباب‌بازی‌ها و کامپیوترها زیاد، چون تلویزیون ۲۴ ساعته شده است. چون خانه اقوام و دوستان رفتن‌هایمان با تشریفات همراه شده است و تعدادش کم شده است، بچه‌ها بجای گرگم‌به‌هوا و قایم موشک (قایم باشک) با آلات فنّاوری‌شان بازی می‌کنند. به‌صورت هم نگاه نمی‌کنند، کمتر باهم حرف می‌زنند درنتیجه مهارت‌های ارتباطی را مانند قبل یاد نمی‌گیرند. نمی‌توانند با نگاه کردن به یک نفر احساساتش را درک کنند حتی گاهی از درک احساسات خودشان هم برنمی‌آیند.

ما به‌عنوان پدرها و مادرهای نسل امروز باید ابزار یادگیری این مهارت‌ها را برای نوزادانمان فراهم کنیم.

افزایش هوش عاطفی یا هوش هیجانی (ایی-کیو) در کودکان یکی از این ابزارهاست که در ادامه به آن می‌پردازیم.

ایده اولیه ایی-کیو یا هوش هیجانی

ایی-کیو بار اول توسط دو دانشمند به نام‌های پیتر سالوی[1] و جان مایر[2] در سال ۱۹۹۰ به نام کیفیت هیجانات معرفی شد و در سال ۱۹۹۵ توسط دنیال گلمن[3] به نام هوش هیجانی در کتاب معروفش در دسترس عموم قرار گرفت.

---

[1] Peter Salovet
[2] john Mayer
[3] Danial Golman

بخش هفتم : پرورش هوش عاطفی یا EQ

ایی-کیو یا هوش هیجانی با آی-کیو یا هوش دانشی چه فرقی دارد:

> **ایی-کیو** عبارتست از توانایی شناخت احساسات، روان و عواطف و حالات درونی خود و دیگران، نام گذاری و کنترل رفتار و تعاملات همراه با خود ادراکی!
> **آی-کیو** عبارتیس از توانایی های شناختی مانند توانایی حل مسائل ریاضی، معانی لغات، قدرت حافظه، سرعت پردازش اطلاعات.

ایی-کیو[1] یک هوش است، که دست‌یافتنی و آموختنی است برعکس **آی‌کیو**[2] که تا ۹۰ درصد ژنتیکی است. (که البته با تمرین تقویت می‌شود) اما ایی-کیو ۹۰ درصد آموختنی است**.**
در تحقیقی که در آمریکا بعد از انتشار کتاب گلمن انجام شد، دانشمندان متوجه شدند که بیشتر سرمایه‌داران و مدیران موفق آمریکایی دارای **ایی-کیو** بسیار بالایی هستند و بعضی از آن‌ها هم **آی-کیو** و هم **ایی-کیو** بالایی دارند، اما حتی یک مدیر موفـق نبود که **فقط آی-کیو** بالایی داشته باشد.

تحقیقات نشان داد بااینکه هوش عاطفی قابل یادگیری در هر سنی است، اما بنیاد آن اگر از ابتدای زندگی رقم بخورد بسیار قوی‌تر و مؤثرتر است.

---

[1] EQ **Emotional Intelligence**
[2] IQ **intelligence quotient**

وقتی به دنیا اومدی

بگذارید مثال از کاربرد هوش هیجانی و هوش دانشی بزنیم:

آی‌کیو:

- زمانی که کودک ما تا ۱۰ بشمارد، از هوش دانشی یا آی‌کیو استفاده می‌کند.
- زمانی که مادر کمتر از همیشه برایش بیسکویت بریزد و کودک متوجه بشود.
- یا کلماتی را که یک‌بار می‌شنود یاد می‌گیرد و تکرار می‌کند.

ایی کیو:

- زمانی که کودک ۲ ساله صورت مادرش را نگاه می‌کند و صورتش را ناراحت می‌بیند، به سمت مادرش می‌آید تا مادرش را بغل کند.
- زمانی که وقتی عصبانی است راهی را پیدا کند که خود را آرام کند.
- زمانی که وقتی بچه‌ای در پارک گریه می‌کند، آن بچه را ناز می‌کند و دلش به حال او می‌سوزد و خودش را بجای آن بچه می‌گذارد.

کودک ما در سنین ۳-۰ با بیشترین سرعت در زندگی‌شان در حال یادگیری هستند و هر چه بخواهیم می‌توانیم به آن‌ها یاد دهیم!
اما مواظب باشید چه چیزهایی یادشان می‌دهیم!

در ادامه به راه‌های رشد ایی کیو و یا هوش عاطفی در کودک می‌پردازیم.

- ایی کیو برای سال اول زندگی

در هنگام تولد، کودک شما هیچ مفهومی از "خود" ندارد. به‌عبارت دیگر، او واقعاً نمی‌داند که او "خودش" است، او نمی‌داند که او جدا از کسانی است که از او مراقبت می‌کند. هنگامی که کودک شما گرسنه می‌شود، پستان مادر را به‌عنوان بخشی جدایی‌ناپذیر از خود می‌بیند. او نمی‌داند جایی که بدن او به پایان می‌رسد و شروع می‌شود کجاست. خودآگاهی در طول سال اول توسعه پیدا می‌کند و به همین ترتیب، آرام‌آرام متوجه می‌شود که ناراحتی به علت گرسنگی از درون خود ایجاد می‌شود و یک امداد در قالب یک بطری یا پستان از یک منبع خارجی می‌آید.

پایان سال اول، نقطه عطف بسیار مهمی در رشد عاطفی کودک است. ماهیت پیوند بین نوزاد و مادر یا سایر مراقبین اصلی، شکل‌گرفته است. کیفیت این پیوند، رویکرد کودک را نسبت به جهان اطرافش تعیین می‌کند.

- حالت اول: این پیوند می‌تواند، برای کودک لذت‌بخش باشد و مراقبینش افرادی باشند که کودک بتواند به آن‌ها تکیه کند، بتواند روی خودش و دیگران حساب کند.

کودک ما نیاز به حساسیت و واکنش ما به سیگنال هایش دارد او به ما برای کمک به شناسایی احساسات خود نیاز دارد که یاد بگیرد آن احساسات را درک کند، تنظیم و کنترل کند.

- حالت دوم: کودک به توانایی خودش مشکوک می‌شود که اعتمادبه‌نفس ندارد، یا معتقد است که او نمی‌تواند سیگنال‌هایی را برای پاسخگویی به نیازهایش ارسال کند و یا مراقبان توانایی شناسایی نیازهای کودک را ندارند.

اگر کودک در طول سال اول خود، مراقبت‌های سازگار و حساس را که بر نیاز او و پاسخ‌ها به سیگنال‌های او متمرکزشده است، دریافت کند، او باور می‌کند که امنیت و ایمنی دارد و بر این باور است که همیشه کسی وجود دارد که نیازهایش را تأمین کند. این پایه و اساس برای توسعه **دل‌بستگی‌های امن** و اعتماد به دنیا است. این مهم، به ایجاد اعتمادبه‌نفس در کودک نیز کمک می‌کند، زیرا او می‌فهمد در نشان دادن نیازهایش به ما توانمند است و می‌تواند کاری را که لازم است انجام دهد تا ما را متوجه نیازهایش کند. کودکی که این‌گونه رشد می‌کند شخصیت‌هایی مثل عشق، دوست داشتن، مراقبت و درک متقابل در او درونی می‌شود تا بتواند این مهربانی و دوست داشتن را به دیگران هم ابراز کند.

کودک احتیاج دارد که به سیگنال‌های نیازهایش پاسخ داده شود. در مرحله دوم به کمک والدین برای به شناسایی احساسات خود نیاز دارد که یاد بگیرد، آن‌ها را درک کند، تنظیم و کنترل کند. در طی ماه‌های اول، پاسخ دادن به نیازهای کودک به‌هیچ‌وجه باعث لوس کردن کودک نمی‌شود؛

وقتی به دنیا اومدی

اما باعث می‌شود سنگ بنای رشد احساسی او گذارده شود. همان‌طور که شما نیازهای او را برآورده می‌کنید، او را برای بیان احساسات آموزش می‌دهید. هنگامی‌که شما سعی می‌کنید او را آرام کنید، به او راه‌هایی برای آرام کردن خودش یاد می‌دهید. هنگامی‌که شما او را تشویق به آزمایش چیزهای جدید می‌کنید، اعتماد خود را در توانایی‌های او به او نشان می‌دهید. ما می‌دانیم که همه این‌ها به نظر خوب می‌آید، اما آرام کردن یک کودک که در اواسط شب فریاد می‌کشد، بسیار سخت‌تر از آن است که به نظر می‌رسد!

سعی کنید به یاد داشته باشید که این سختی‌ها است که از ما مادر و پدر می‌سازد. در زندگی روزهایی هست که مادر و پدر هر کاری می‌کنند، نمی‌توانند بفهمند نوزادشان چرا ناآرامی می‌کند و دردش را نمی‌فهمند. نگران نباشید اگر این اتفاق بیفتد. کودک شما می‌فهمد که شما سعی می‌کنید، درد او را بفهمید. به یاد داشته باشید: کودک شما برای رشد سالم و طبیعی به یک والد همه‌چیزتمام نیاز ندارد، او به والدینی نیاز دارد که تلاش خودشان را می‌کنند. همان‌طور که نوزاد شما منتظر است تا شما او را درک کنید که او چه می‌خواهد، او یاد می‌گیرد آستانه صبر خود را بالا ببرد. او همچنین یک درس مهم را دریافت می‌کند که شما و او یکی نیستند، بلکه موجودات جداگانه‌ای هستند و مهم‌تر از همه، به یاد داشته باشید که پرورش کودکان یک سفر طولانی از شادی بی‌وقفه نیست و لحظات سخت و موقعیت‌های اذیت کننده هم دارد. توانایی شما برای پذیرفتن و مواجه‌شدن با این احساسات، به شما کمک می‌کند تا مسیر دل‌بستگی واقعی و پیوند خود با فرزندتان را پیدا کنید که گاهی اوقات، احساسات طبیعی همیشه لذت‌بخش نیست. این به او کمک خواهد کرد که او بپذیرد در زندگی لحظات سخت هم وجود دارد.

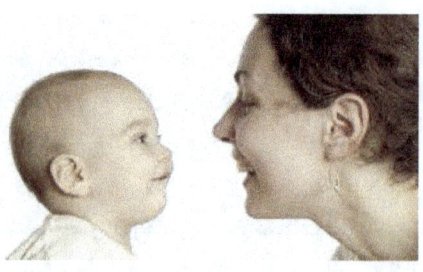

بخش هفتم : پرورش هوش عاطفی یا EQ

رشد هوش هیجانی برای کودکان ۱ تا ۳ سال:

کودک نوپا همیشه نمی‌تواند به شما بگوید که در زندگی‌اش چه می‌گذرد. سعی کنید احساسات کودک خود را تشخیص دهید. اگر فرزند شما بی‌دلیل غمگین یا ناراحت باشد، به یک تصویر بزرگتر نگاه کنید. آیا شما و همسرتان دعوا و بحثی داشته‌اید؟ آیا زمانی که مادربزرگ به خانه شما می‌آید و شما با او گرم صحبت می‌شوید کودکتان احساس تنهایی می‌کند؟ کودکان نوپا اغلب سرنخ‌هایی از دلایل ناراحتی‌هایشان را در بازی‌های فانتزی‌شان، مطرح می‌کنند. جان گاتمن [1] می‌گوید دخترش وقتی با عروسک خود بازی می‌کرد، به او گفت: "**عروسکش واقعاً می‌ترسد، وقتی که تو با مادرم بحث و دعوا می‌کنید.**" گاتمن می‌نویسد: در گفتگوی با دخترم بعدازاینکه این را گفت، من به عروسک (و دخترم) اطمینان دادم که نمی‌خواستم او را بترسانم، اگر من و مادرش باهم دعوا می‌کنیم به این معنا نیست که او را دوست نداریم.

به احساسات منفی به‌عنوان فرصت برای صمیمیت و آموزش نگاه کنید. شما می‌توانید از تمام احساسات کودک خود، چه منفی و چه مثبت استفاده کنید، با او در مورد احساسات خود و نحوه برخورد شما با آن احساس صحبت کنید. اگر کودک ۳ ساله شما از دندان‌پزشک ترسیده باشد، با او درباره این موضوع از چند روز قبل صحبت کنید و تلاش کنید ترس او را آرام کنید، به او بگویید شما هم از دندان‌پزشکی رفتن خوشتان نمی‌آید و او را درک می‌کنید، نه اینکه منتظر بمانید که آیا او در دفتر دندان‌پزشک وسیله‌ای را از عصبانیت پرتاب کند.

به کودک خود کمک کنید تا کلماتی برای بیان احساسات خود پیدا کند و واژگان احساسی مناسب با حال و هوایش را یاد بگیرد. اگر او پریشان باشد، ممکن است بگویید، "**تو در مورد این موضوع عصبانی هستی، آیا این‌طور نیست؟**" شما همچنین می‌توانید به او بفهمانید که طبیعی است که احساسات متضاد در مورد چیزی داشته باشید. برای مثال، او ممکن است برای رفتن به یک پارک هم **هیجان‌زده** باشد و هم احساس **ترس** کند.

---

[1] John Gottman

آموزش محدود کردن رفتار بعد از به وجود آمدن یک احساس:

این فن را به‌خوبی می‌توان از یک سال و نیم به بعد به کاربرد و به او کمک کرد که درک کند هر احساسی می‌توانیم داشته باشیم اما برای اینکه هر رفتاری کنیم محدودیت‌های وجود دارد و سپس هدایت او به سمت راه‌حل است.

به‌عنوان مثال، می‌توانید بگویید، **"من می‌دانم که تو ناراحت شده‌ای که خواهرت در حال ساختن اسباب‌بازی خود است و با تو بازی نمی‌کند، اما تو نمی‌توانی به او ضربه بزنی. این کار ممنوع است. الان غیر از زدن، چه‌کار دیگری اگر انجام دهی ناراحتی‌ات کمتر می‌شود "** اگر فرزند شما ایده‌ای نداشته باشد، مجموعه‌ای از گزینه‌ها را انتخاب کنید.

متخصص مدیریت خشم **لین نامکا**[1] توصیه می‌کند که اول به شکم، فک و چشمان کودک توجه کنید تا ببینید آیا آن‌ها را محکم به هم‌فشار می‌دهد یا خیر، اگر این‌طور است به او بگویید، نفس عمیق بکشد و تا عصبانیت از او بیرون برود. نامکا می‌گوید، به کودک خود کمک کنید تا با صدای محکم خود جملاتی مانند این را بگویید.

"من احساس عصبانیت می‌کنم وقتی __________" و یا

"من احساس ناامیدی می‌کنم وقتی __________".

"من احساس تنهایی می‌کنم وقتی __________"

کودکان باید بدانند که اجازه دارند عصبانی باشند تا زمانی که دیگران به این دلیل آسیب نبینند. فرزندتان همچنین می‌تواند با شما درباره اینکه چرا او عصبانی است حرف بزند و یا تصاویری را درباره آنچه او را خشمگین می‌کند، نقاشی کند یا جریان عصبانیت خود را با عروسک‌ها یا اسباب‌بازی‌هایش بازی کند.

من در زمان کودکی از اینکه پدرم از سرکار که می‌آمد می‌خواست استراحت کند و با من بازی نمی‌کرد عصبانی می‌شدم و وقتی او می‌خوابید با حیوان‌های اسباب‌بازی‌ام همین را بازی می‌کردم. باور کنید بیشتر دلایلی که کودکان کارهای عجیب‌وغریبی می‌کنند این است که می‌خواهند به ما بگویند که احساس ناخوشایندی دارند اما ابزارش را بلد نیستند، باور کنید بسیاری از ما بزرگ‌ترها هم هنوز ابزارهای آرام کردن خودمان را یاد نگرفتیم، زمانی که از عصبانیت با سرعت و بی‌دقت رانندگی می‌کنیم و یا وقتی فریاد می‌زنیم و روی میز می‌کوبیم.

---

[1] Lynn Namka

وقتی‌که من سعی می‌کنم هوش عاطفی را به کودکم آموزش دهم چه اتفاقی می‌افتد؟ خودم هم از رفتارهایی که نمی‌خواهم فرزندم آن‌ها را تقلید کند اجتناب می‌کنم.
زمانی که کار یا رفتار کودکمان عصبانی می‌شویم، کافی است جملاتمان را عوض کنیم، جای گفتن: **"من را دیوانه می‌کنی "** یا **"تو پسر بدی هستی "**، به او بگوییم، **"زمانی که کار ________ را انجام می‌دهی، من را ناراحت می‌کنی "**،
پس کودک شما می‌فهمد که مشکل رفتار او هست و نه خود او. مراقب باشید که از انتقادات بیش‌ازحد اجتناب کنید که باعث از بین رفـتن اعتمادبه‌نفس کودک می‌شود.

این حرف خیلی سنگین است، اما می خواهم بگویم:
هیچ کودکی با اعتماد به نفس پایین به دنیا نمی آید.
و تنها مادر، پدر و مراقبین می توانند
اعتماد به نفس کودک را از بین ببرند.
اعتماد به نفس در ۳ سال اول زندگی می تواند ساخته و نابود شود.

آیا باید احساسات منفی را از کودکم پنهان کنم؟

بعضی از والدین احساسات منفی خود را پنهان می‌کنند، به این دلیل که ناراحتی یا مشکل باعث ناراحتی و ناامیدی فرزندشان نشود؛ اما پنهان کردن احساسات واقعی شما باعث می‌شود که کودک شما برای درک شما و یادگیری احساسات دچار اشتباه شود. برای مثال وقتی، به‌آرامی تصدیق کنید که ناراحت هستید، به فرزندتان را نشان می‌دهید که حتی احساسات دشوار را می‌توان مدیریت کرد.

نکته: دلیلی ندارد که بار ناراحتی را به دوش کودک بیندازیم، اما فرض کنید که دوستی را از دست داده‌ایم و ناراحت هستیم و در حال گریه هستیم و کودک یک‌ساله و نیمه شما به سمت شما می‌آید به‌جای گفتن چیزی نیست به‌سادگی بگویید: **"مامان خیلی ناراحت است، چون دوستش را**

دیگر نمی‌تواند ببیند و دل‌تنگ اوست اما اکنون باهم به پیاده‌روی می‌رویم و من آرام می‌شوم."

به یاد داشته باشید از زمانی که کودکان می‌فهمند از شما جدا هستند (از یک‌سالگی)، هر ناراحتی که برای شما پیش می‌آید احساس گناه می‌کنند و فکر می‌کنند آنان مقصرند، این بدان دلیل است که فکر می‌کنند در دنیای شما فقط آنان هستند و کسی دیگر در این میان نیست. این احساس گاهی تا ۸ سالگی باقی می‌ماند. پس زمانی که احساس منفی یا حتی مثبتی دارید به او در حد توانایی درکش، برایش توضیح دهید که چرا این احساس را دارید تا او خودش را مقصر نداند.

چگونه می‌توانم برای کودک نوپایم، یک رهبر هوش عاطفی باشم؟

همان‌طور که کودکان شروع به راه رفتن می‌کنند، مستقل‌تر می‌شوند و از تحمیل محدودیت‌ها و بکن و نکن ها عصبانی می‌شوند. گرچه واژگان او هنوز کوچک است، اما زمانی که از او می‌خواهند که یک اسباب‌بازی را با بچه دیگر به اشتراک بگذارد و یا یک ژاکت را بپوشد، به خاطر این دستورات احساس می‌کند کسی دارد قدرت را از او می‌گیرد و این‌ها می‌تواند عامل دعوا و جنگ بین والد و کودک شود. شما والدین از این درگیری‌ها می‌توانید استفاده کنید تا درس‌های مهم به او یاد دهید. هر وقت او تلاش می‌کند چیزهای خود را به اشتراک بگذارد از او قدردانی کنید. به او می‌توانید نوبتی استفاده کردن را یاد بدهید؛ اما انتظار نداشته باشید که با چند مهمانی اول این را یاد بگیرد، به خاطر دارید که کودکان دارای خلق‌وخوی متفاوت هستند، پس ممکن است یک کودک، قسمت کردن اسباب‌بازی را زودتر یاد بگیرد و یا زودتر از یک مسئله کوتاه بیاید. پس کودکمان را با دیگر کودکان مقایسه نکنیم. به فرزندتان گزینه‌های خوب بدهیم بجای فقط محدود کردن آن‌ها، با این کار احساس استقلال آن‌ها را افزایش می‌دهید. برای مثال، به‌جای اینکه به او بگویید کفش خود را بپوشد، می‌توانید او را بپرسید که آیا او می‌خواهد کفش کتانی یا کفش سبزش را بپوشد. بجای درگیری‌ها بر سر اراده تا آنجا که ممکن است بچه‌ها را تشویق کنند تا در مورد احساسات خود صحبت کنند. سعی کنید در سطح چشمان فرزند خود قرار بگیرید و با تماس چشم با او به‌آرامی صحبت کنید، از کلمات ساده و جملات کوتاه استفاده کنید، شروع جمله را با کلمات **"من می‌خواهم ..."** باشد و یا **"لطفاً"**. به‌عنوان مثال سعی کنید دلایل خود را توضیح دهید به‌جای

بخش هفتم : پرورش هوش عاطفی یا EQ

پرسیدن، "چرا این کار را کردی؟" بگویید: "من می‌خواهم در مورد آنچه تو انجام دادی صحبت کنیم"

همیشه از چند احساس مانند خسته، بد و خوب استفاده نکنید، با کمک جدول زیر احساسات متفاوت را به دایره لغاتی که در روز استفاده می کنیم اضافه کنید، به طور مثال احساس نگرانی، ترس، تنها ماندن، و یا اضطراب را می توان احساس بد یا ناراحتی نامید اما آنها بسیار با هم فرق دارند و همیشه صرفاً بد نیستند. جدول احساسات (تعدادی از احساسات معمول در این جدول آمده است.)

دوست داشته شدن	عشق	لذت	امیدواری	احترام
دوست داشتنی بودن	آرامش	امنیت	رضایت	ایمان
خود بزرگ بینی	تعلق	شرم	غم	افسردگی
قدرشناسی	نا امنی	دلتنگی	تنفر	دلهره
دشمنی	حسادت	سردرگمی	بدبختی	امنیت
با ارزش بودن	همدردی	بی عدالتی	تعجب	کلافگی
حقارت	بی میلی	گناه	بی انگیزگی	پشیمانی
کم خود بینی	ترس	توجه	تاسف	جرأت
سردر گمی	دشمنی	تمایل	هیجان	وحشت

بخش هفتم : پرورش هوش عاطفی یا EQ

خلاصه این بخش:

- مهارت‌های حل مشکلات، کنترل عواطف، اعتمادبه‌نفس، رویارویی با چالش‌ها و برنامه‌ریزی برای حلشان، احساس ناامیدی نکردن بعد از شکست، مهارت‌های اجتماعی، درک همدردی، ارتباط خوب کاری، نه گفتن به‌موقع، دفاع از خود و کار بهینه گروهی، از مهارت‌هایی هستند که به نسل امروز باید از طریق افزایش هوش عاطفی از روز تولد آموزش داد.

- **ایی-کیو** عبارت است از توانایی شناخت احساسات، روان و عواطف درونی خود و دیگران، نام‌گذاری و کنترل رفتار و تعاملات همراه با خود ادراکی!

- اگر کودک شما در طول سال اول خود، مراقبت‌های سازگار و حساس را که بر نیاز او و پاسخ‌ها به سیگنال‌های او متمرکزشده است، دریافت کند، او باور می‌کند که امنیت و ایمنی دارد و بر این باور است که همیشه کسی وجود دارد که نیازهایش را تأمین کند.

- در مرحله دوم به کمک شما برای شناسایی احساسات خود نیاز دارد و یاد بگیرید که آن‌ها را درک کنید، تنظیم و کنترل کنید.

- به احساسات منفی به‌عنوان فرصت برای صمیمیت و آموزش نگاه کنید. شما می‌توانید از تمام احساسات کودک خود، چه منفی و چه مثبت استفاده کنید، با او در مورد احساسات خود و نحوه برخورد شما با آن احساس صحبت کنید.

وقتی به دنیا اومدی

تمرینات بخش هفتم:

- زمانی که کودکتان گریه می‌کند می‌توانید نیاز او را درک کنید؟

- زمانی که اتفاقی برای شما افتاده و شما بسیار عصبانی هستید، دوست دارید اطرافیانتان برای بهتر کردن حال شما چه کنند؟

- زمانی که کودک شما جیغ می‌زند و عصبانی است شما چه می‌کنید؟

یادداشت ---------------

بخش هشتم

خوابیدن، خوردن، آموزش توالت

متاسفانه باید بگوییم که تحقیقات نشان داده است که، بیشتر مشکلاتی که والدین با فرزندان خود دارند، به سه دلیل مهم مربوط می شود:

۱- **نداشتن دانش کافی** در علم روابط و حیطه فرزندپروری

۲- **باور نداشتن به توانایی های فرزندشان** و **بی اعتمادی به تصمیماتی که به عنوان یک شخص مستقل و مجزا می توانند بگیرند.**

۳- **پایین بودن اعتمادبه‌نفس** خودشان به‌عنوان یک مادر یا پدر

دلیلی که در ابتدای بخش این مطالب را گفتم، این است که می خواهم همه مادران و پدران بدانند، که هیچ راز و دستور و العمل خاصی در دنیا هنوز نیامده است که ثابت شده باشد بهترین شیوه برای تغذیه، خواباندن و توالت کردن نوزاد است. براستی مادران و پدرانی که به توانایی فرزندشان اعتماد می کنند و بر توانایی خود نیز به عنوان پدر و مادر باور دارند، براحتی از پس مشکلاتی که نوزاد با آن روبرو می شود بر خواهند آمد.

از گروهی از والدین که کودکان بین ۰ تا ۳ سال دارند خواستیم که درباره مشکلاتشان با ما صحبت کنند، بیشترین مواردی که فکر و انرژی والدین را درگیر خودکرده بود، سه چیز بود: **خوابیدن، خوردن و از پوشک گرفتن بچه‌ها**.

شما خواننده عزیز در ابتدای این فصل بدانید که با اینکه بیشترین مشکلات والدین در این مرحله از سن کودک، خوردن، خوابیدن و آموزش توالت است اما دلیل اصلی چالش های والدین این سه مهم نیست و با اینکه ضروری است که بدانیم چه کارهایی را انجام دهیم که این چالش ها را پشت سر بگذاریم اما از آن مهم تر است که با چه باوری و با چه ذهنیتی با این چالش ها روبرو می شویم: اگر ذهنیت زیر را به عنوان والد دارید به شما بگوییم که راهکارهای این فصل به کار شما می آید و اگر این ذهنیت را ندارید، نه تنها این کتاب بلکه همه راهکارهای دنیا را هم جمع کنید، نمی توانید از پس مشکلات فیزیکی کودکتان بر آیید :

ذهنیت یک والد کامل

"من یک والد توانا هستم و کودک من نیز یک کودک توانا و مستقل است و با کمک و همکاری من می تواند، مهارت های لازم را برای این دوره سنی یاد بگیرد، می دانم که در این مسیر من هم همراه با کودکم بسیار از لحظه هایمان لذت می بریم و روز به روز مهارت های جدید یاد می گیریم."

آشنایی با بدن و فیزیک فرزندمان یکی از مهم‌ترین مهارت‌هایی است که با یادگیری مراحل رشد کودک و اینکه چه چیزی برای هر سن او مناسب است، برای ما به وجود می‌آید.
در اینجا مهم است که بدانیم، ما با بدن یک انسان دیگر روبرو هستیم! بدین معنی که نمی‌توانیم او را مجبور کنیم بخوابد، او را مجبور کنیم که غذا یا شیر بخورد و کنترل دستشویی‌اش را داشته باشد. خود فرزندمان است که این امور را در دست دارد، اما مشارکت ما همراه با احترام به استقلال او و یادگیری اینکه از چه روشی استفاده کنیم، می‌تواند هم برای ما و هم برای فرزندمان راه را هموار کند.

خوابیدن و خوردن و دستشویی کردن برای حیات لازم است، این‌ها یک سری عملکردهای طبیعی بدن هستند که به‌صورت طبیعی باید انجام پذیرند، اما اگر برای کودک و یا والدین بسیار

مهم و بحث‌برانگیز و انگشت‌نما شوند به بحران تبدیل خواهند شد. در بعضی از مواقع به علت حساسیت بیشتر از اندازه والدین، این سه عملکرد تبدیل به ابزار جنگی می‌شود که کودک علیه والدین به کار می‌گیرد و متأسفانه والد هم به این مسابقه و مقابل هم قرار گرفتن دامن می‌زند.

من خوابم نمی‌آید:

بیشتر بچه‌ها در شش ماه اول زندگی بیشتر از اینکه بیدار باشند، می‌خوابند، اگرچه که برنامه خواب آن‌ها ممکن است به‌هم ریخته و نامنظم باشد. در این چند ماه اگر مادر و پدر به کودکشان یاد بدهند که خودش بخوابد بسیاری از مشکلاتی که بیشتر والدین تا سنین ۷ سالگی دارند برطرف خواهد شد.
یکی از بهترین راه‌ها گذاشتن نوزاد در تخت، قبل از اینکه کاملاً به خواب برود است. والدین زمانی که نیازهای کودکشان مثل شیر دادن، گرفتن باد شکم و تمیز کردن پوشک را انجام دادند، همین‌که خواب بر چشمان کودکشان آمد، او را در تختش بگذارند و از کنارش بروند. بعضی از والدین از اینکه کودک را تنها رها کنند می‌ترسند.
گاهی اوقات زمانی که کودک در آغوشمان در حال خوابیدن است می‌ترسیم او را در تختش بگذاریم که بیدار نشود و می‌خواهیم که وقتی خوابش عمیق‌تر شد او را به تختش ببریم و این باعث می‌شود که کودک خودش به‌تنهایی خوابیدن را یاد نگیرد.
حتی اگر زمانی که به تختش می‌گذاریم هوشیار هم شد و حالت خواب‌آلودگی را از دست داد، باز هم او را دوباره بلند نکنیم و همان‌طور که در تختش است، آرام به پشت او بزنیم تا دوباره حالت خواب‌آلودگی‌اش بازگردد و قبل از اینکه کامل بخوابد اتاق را ترک کنیم. اینکه اتاق تاریک باشد یا کمی نور داشته باشد، اینکه اتاق سرد یا گرم باشد، موزیک ملایمی پخش بشود یا نشود، بسیار بستگی به حالات فرزندمان دارد و درست و غلطی در آن نیست، امتحان کنیم و ببینم فرزند ما با کدام شرایط راحت‌تر و عمیق‌تر می‌خوابد.
می‌توانیم درکیانای خود شرایط خوابش را بنویسیم و تغییرات را بررسی کنیم.

وقتی به دنیا اومدی

الگوهای خواب فرزندان با یکدیگر متفاوت است، بعضی از کودکان خلق‌وخوی فعال‌تری دارند و کمتر می‌خوابند و بعضی درگیر دل‌دردهای کولیک می‌شوند یا مشکلات فیزیکی دیگری دارند که خوابشان را به مخاطره می‌اندازد. این کودکان ممکن است نیازمند این باشند که والدین زمان و انرژی بیشتری برایشان بگذارند و یا نیازمند این باشند که بیشتر در آغوش مادر باشند اما به‌محض اینکه مشکلشان حل شد، بهتر است عادت‌های خوب **خود به خواب رفتن** را به آن‌ها یاد داد.

خوابیدن:

بچه بهتر است که قبل از شش‌ماهگی یاد بگیرند که خودشان بتـوانند بخوابند. زمانی که این مهم به تعویق بیافتد، پدرها و مادرها بیشتر دچار مشکلات خواهند شد. در اصل مقاومت بچه‌ها بسیار بیشتر می‌شود. اگر انتخاب کنید که این آموزش را در ماه‌های ابتدایی بگیرند، در سال‌های بعد با مشکلات زیادی روبرو نخواهید بود. چه‌بسا مادرانی که سنین ۷ سالگی برای اینکه کودکشان بخوابد باید کنار آن‌ها باشند.

سؤال: اگر کودکی دارم که با یک عادت غلط مانند راه بردن، بغل کردن و یا در ماشین چرخیدن و یا حتی در اتاق کنارش بودن عادت به خوابیدن کرده است و اکنون بخواهیم به او آموزش دهیم خودش بخوابد چه کنیم؟

جواب: شرایط خوابیدن را برای کودک مهیا کنید، می‌توانید بسته به سنش، او را خسته کنید، (حمام، استخر، پارک و یا بازی) و به او اگر بالای ۶ ماه دارد غذای مناسبی بسته به رژیم غذایی‌اش دهید، (منظور از غذای مناسب، غذایی است که در آن محرک‌هایی مثل میوه نباشد و چیزی مثل حریره برنج). به خانه شرایط آرامش‌بخش ببخشید (تلویزیون را خاموش کنند و چراغ‌ها را کم کنید). او را به محل خوابش ببرید در کنارش بمانید همین‌که حس کردید چشم‌هایش سنگین شد ازآنجا بیرون بیایید.

اگر گریه کرد بگذارید گریه کند و ۵ دقیقه بعد نزد او بروید و او را آرام کنید، او را لمس کنید و دوباره قبل از اینکه بخوابد بیرون بیایید. اگر دوباره گریه کرد ۱۰ دقیقه بعد به سراغش بروید و مرحله بعد ۱۵ دقیقه بعد. این کار را آن‌قدر ادامه دهید و فواصل را زیاد کنید تا کودک بخواب برود. **من اسم این شیوه را روش ۵-۱۰-۱۵ گذاشته‌ام**. ممکن است ۳ تا ۵ روز گریه‌هایش را زمان خواب ادامه دهد اما حتماً بعد از ۵ روز یاد می‌گیرد که خودش بخوابد.

> " در دنیا تا کنون هیچ گذارشی نشده است، که بچه ای در اثر گریه تلف شده باشد! این را برای مادرانی گفتم که از گریه کودک وحشت دارند و با کوچکترین نق از طرف نوزاد، آنچه خواسته ی اوست را به او می دهند. "

نکته مهم این است که اگر می‌خواهید فرزندتان به عادت بد قبلی بازنگردد، هیچ‌گاه شرایط قبلی را برایش تکرار نکنید و نکته مهم در روش ۵-۱۰-۱۵ این است که زمانی که به اتاق او می‌روید، کنارش و یا جایی نزدیک او نخوابید، او را در آغوش نگیرید، فقط چند ضربه مانند نوازش به پشتش بزنید و یا آرام روی سرش دستی بکشید و حالت همدردی داشته باشید به او بفهمانید که درک می‌کنید که می‌خواهد پیش او باشید و یا مانند قبل در آغوشتان بخوابد و یا درحالی‌که شیر می‌خورد

خوابش ببرد اما امکان‌پذیر نیست. او را باور کنید که می‌تواند و توانایی این را دارد که خودش بخوابد. (حتی اگر بیشتر از دو سال دارد می‌توانید این جملات را به او بگویید.) و سپس از اتاق خارج شوید.

اما اگر هر چه کودک شما کوچک‌تر باشد، بهتر و سریع‌تر یاد می‌گیرد که خودش بخوابد و نیاز به هیچ‌کدام از این روش‌ها نیست.
نکته: اگر کودکان بالای ۳ سال دارید، از روش ۵-۱۰-۱۵ استفاده نکنید، تنها گذاشتن کودکانی که تخیل بسیار زیادی دارند (معمولاً برای کودکان بالای ۴ سال) راهکار خوبی نیست، برای آن‌ها ابتدا باید دلیل تنها نخوابیدن را ریشه‌یابی کرد و بعد روش را انتخاب کرد.

نوزادان دوست دارند در حال مکیدن سینه مادر بخوابند:

این‌یک واقعیت است، زمانی که نوزادان به دنیا می‌آیند از دنیایی می‌آیند که قبل از اینکه گرسنه و خسته شوند نیازهایشان برآورده می‌شد و نیازی به مک زدن ندارند و این طبیعی است که با مک زدن خسته شوند و بخواهند چرت کوتاهی بزنند، اما این مقدمه بدخوابی‌های بعدی و به هم ریختن برنامه خواب و خوردن کودک است و این برای مادر عذاب و دردسر به همراه خواهد داشت.
در همان روزهای ابتدایی بهتر است مادر نوزاد را عادت دهد که شیر خوردن با خوابیدن و گرفتن بادگلو سه فعالیت متفاوت است و نوزاد نمی‌تواند آن را باهم ادغام کند. این در ماه‌های آینده باعث راحتی و احساس امنیت کودک نیز هست.
پس زمانی که کودک گرسنه است اگر زیر سینه شما خوابید سعی کنید با انگشت صورتش را نوازش دهید و یا با او حرف بزنید که بیدار شود بعضی مادرها سینه‌شان را کمی تکان می‌دهند و یا سینه را از دهان کودک درمی‌آورند. کافی است چندین بار این کار را تکرار کنید درنتیجه کودک شما یاد می‌گیرد که زمان شیر خوردن از فرصتش استفاده کند. اگر می‌خواهد از سینه شما به‌عنوان پستانک استفاده کند اجازه ندهید زمانی که مک نمی‌زند او را وادار کنید که مک بزند، شیر خوردن از سینه مادر نباید بیشتر از ۲۰ دقیقه طول بکشد (البته غیر از چند روز اول که ممکن است تا ۴۵ دقیقه هم‌زمان ببرد) و بعد کودک باید بداند که بعد از گرفتن بادگلو می‌تواند بخوابد؛ اما سعی کنید زمانی که بیدار است او را در تختش بگذارید تا یاد بگیرد خودش بخوابد.

اگر موفقیت در خوابیدن خودکار فرزندانتان را واقعاً می‌خواهید دو نکته مهم را باید با شما درمیان بگذارم:

۱- اگر فرزند شما به هر علتی از دل‌بستگی ایمن برخوردار نیست، نمی‌توانید این آموزش را شروع کنید، ابتدا باید مدتی او را در معرض دل‌بستگی ایمن و دائمی قرار دهید. این آموزش برای کودکانی است که از بدو تولد در معرض یک دل‌بستگی امن، دائمی، سالم و مستمر قرار دارند.
در اینجا می‌توانم کودکانی را نام ببرم که به علت افسردگی شدید پس از زایمان، سندرم اضطراب و یا بیماری‌هایی خاص مادر نتوانستند این دل‌بستگی را از مادر بگیرند. گاهی کودک به علت بیماری خاصی ناچار است در بیمارستان بماند و یا به هر دلیلی ممکن است از محبت و حمایت مادر و پدر محروم بماند.
۲- اعتمادبه‌نفس و تصمیم شما برای اینکه این آموزش را به فرزندتان دهید بسیار مهم است. کودکان انرژی و احساس ما را درک می‌کنند و زبان بدن ما را بهتر از خودمـــان می‌فهمند. کودکان وقتی مادری به خودش اعتماد دارد، به کاری که می‌کند اعتماد دارد و به توانایی کودک نیز اعتماد دارد احساس امنیت می‌کند. اگر می‌دانید که با گریه فرزندتان روحیه خود را می‌بازید و پروسه خوابیدن خودکار را در میانه راه رها خواهید کرد، این کار را اصلاً شروع نکنید.
چون اگر با گریه او بلافاصـله به سراغش رفتید او می‌توانید بی‌اعتمادی‌تان به خودش و به روشتان را درک کند و دفعه بعد گریه‌های بلندتری سر دهد.

سؤال: من هم به‌عنوان مادر یا پدر به خوابیدن و در بغل گرفتن نوزادم نیاز دارم، اگر قرار است شب‌ها او در بغلم نخوابد پس چطور این احساس خوب را به هم بدهیم:

جواب: شما و نوزادتان در طول روز، فرصت دارید که به هم عشق بورزید، در آغوشش بگیرید، بدنش را ماساژ دهید و با او بازی کنید. ما باور نداریم که بچه‌ها برای اینکه یاد بگیرند خودشان بخوابند، بااینکه کمی تنها بمانند و یا گریه کنند باعث می‌شود که احساس رانده شدن و دوست نداشته شدن کنند. برعکس کودکی که به دنیا می‌آید بسیار دوست دارد زمانی که احساس خستگی می‌کند در تنهایی بخوابد، این عادت را که در کنار ما بخوابند و یا ما آن‌ها را بخـــوابانیـم، ما مادرها و پدرها به آن‌ها می‌دهیم.

وقتی به دنیا اومدی

نسؤال: مگر نه این است که روانشناسان می‌گویند که نباید اجازه دهیم که کودکان زیر یک سال گریه کند؟

جواب: من به‌عنوان مربی کودک با این تئوری روانشناسی بسیار موافقم. البته روانشناسان گفته‌اند که نوزاد در سال ابتدایی زندگی نباید برای **برطرف شدن نیازش** زیاد گریه کند و یا منتظر بماند اما برای خواسته هایی که ممکن است به صورت عادت های بد در بیاید اشکالی ندارد گاهی کمی گریه کند، البته زمانی که تمام نیازهای فیزیکی و عاطفی او برآورده شده است.
همان‌طور که قبلاً گفتم یک مادر مهربان و بااقتدار مثبت برای خواسته‌های غیرمنطقی فرزندش مانند در آغوش خواباندن یا در کنارش خوابیدن، راهی پیدا می‌کند که بدون گریه و با درک کردن او، به او بفهماند که اصرارش بیهوده است. ما به همین خاطر از روش ۵-۱۰-۱۵ استفاده می‌کنیم. همین مادر برای راحتی فرزندش حتی چند روز گریه فرزندش را تحمل می‌کند اما به او یاد می‌دهد که برای خواسته‌هایی که منطقی نیست، دیگر گریه نکند و در ضمن او را توانمند بار می‌آورد.

اما این درنهایت تصمیم شما والدین است، اگر اکنون گریه او را نمی‌توانید تحمل کنید باید بدانید که تا سال‌ها با خوابیدن او به مشکل برمی‌خورید و حتی زمانی که به سن نوجوانی

می‌رسد شاید دیگر نیازی نباشد که او را بخوابانید اما حتماً صبح‌ها در بیدار کردن او و از تخت پایین کشیدنش مشکل خواهید داشت.

داستان رُزا را بخوانید:

رُزا دختر ۱ و نیم ساله ایست که تا این سن مادر و پدرش با خوابیدن او هیچ مشکلی نداشتند. رُزا در تخت خودش و در اتاق خودش به‌راحتی خودش به خواب می‌رفت. تا اینکه ماه پیش همراه پدر و مادرش به مسافرت می‌روند و در هتل رُزا در تخت پدر و مادر و در آغوش آن‌ها می‌خوابد و لذت در کنار آن‌ها بودن را می‌چشد، زمانی که به خانه بازمی‌گردند با گریه فراوان درخواست می‌کند که باز در تخت آن‌ها بخوابد و چون مادر خسته بود و باید صبح روز بعد به سرکار می‌رفت دیگر تحمل گریه رُزا را نکرد و به او اجازه داد که در تخت آن‌ها بخوابد و این باعث شد. رُزا یاد بگیرد که با گریه می‌تواند در تخت مادر و پدر بخوابد و در نتیجه شب‌های دیگر علی‌رغم خستگی تا زمانی که مادر و پدر نخوابیده‌اند، بیدار باشد تا با آن‌ها به تخت برود و اکنون یک ماه است که رُزا حاضر نیست به تختش برود.

نکته اینکه کودکان در این سنین روال را دوست دارند اما همین‌که روال شکسته شد اگر به نفعشان باشد دیگر به‌سختی می‌توانیم آن را به عادت قبلی برگردانیم؛ اما کودکان استثناء را درک می‌کنند. اشتباه مادر و پدر رُزا، رفتن به هتل و خوابیدن در کنار آن‌ها در تخت نیست. اشتباه آن‌ها این است که زمانی که به خانه بازگشتند به طور مصمم به روال عادی بازنگشتند. زمانی که می‌خواهیم روال خوبی را ادامه دهیم کافی است به فرزندمان یاد بدهیم استثناء هم وجود دارد.

چگونه به خوابیدن راحت‌تر آن‌ها کمک کنیم:

- کارهای قبل از خواب:

بچه‌ها از کارهای ناگهانی زیاد استقبال نمی‌کنند و در بیشتر مواقع باید آن‌ها را از قبل برای هر کاری آماده کنیم. به‌طور مثال زمانی که می‌خواهیم به بیرون خانه برویم ابتدا از تمیز بودن پوشک او اطمینان حاصل می‌کنیم، لباس تن او می‌کنیم، جوراب و کفش پای او می‌کنیم و خودمان آماده می‌شویم او می‌فهمد که می‌خواهیم به بیرون برویم و برای آن در ذهنش آمادگی پیدا می‌کند. زمانی

که می‌خواهیم کودکمان را بخوابانیم، یک سری مقدمات که هر شب تکرار می‌شود باعث می‌شود که ذهن کودک آماده شود.

مانند حمام کردن، پوشاندن لباس‌خواب (برای این منظور حتی اگر لباس راحتی بر تن دارد بهتر است برای آمادگی ذهنش باز لباسش را عوض کنید). روشن کردن چراغ‌خواب و مسواک زدن یا انتخاب کتاب (برای بچه‌های بزرگ‌تر).

مادرهای کامل زمان انجام روال‌ها در هر سنی با کودکانشان حرف می‌زنند و مراحل را به آن‌ها توضیح می‌دهند حتی اگر کودک زبان و کلمات را متوجه نشود اما از لحن مادر منظور او را می‌فهمد.

- بعضی از کودکان دوست دارند در محیط بسیار تاریک بخوابند و بعضی با چراغ‌خواب بعضی در اتاق گرم‌تر و بعضی در اتاق سردتر. به سلیقه فرزندتان اهمیت دهید و اجازه دهید که درجایی که می‌خوابد راحتی را حس کند.

- اگر کودک شما به‌اندازه‌ای بزرگ است که بتواند کارهایی را انجام دهد. بعضی از وظایف را به عهده خودش بگذارید مانند پیدا کردن کتاب و یا انتخاب لباس‌خواب و خاموش کردن چراغ.

- زمان بازی، خوابیدن را در نمایشک‌ها تمرین کنید. مثلاً کارهایی که معمـــولاً انجام می‌دهید را باهم نقش بازی کنید و نمایش خوابیدن را بازی کنید.

- یادمان نرود که درهرحال ما یک مادر بااقتدار مثبت هستیم، اگر به یاد داشته باشید خصوصیات یک مادر کامل بود **مهربان – آرام – مصمم**. زمان خواب با کودکتان دعوا نکنید و در مقابلش قرار نگیرید. در کمال مهربانی و آرامش او را به تختش هدایت کنید. در مقابل مقاومت او فقط بگویید: **" می‌دانم که نمی‌خواهی به تخت بروی اما ساعت می‌گوید باید بروی! "** با این جمله به او نشان دادید که او را درک می‌کنید اما در مقابل کاری از شما برنمی‌آید. در اینجا به او یک انتخاب دهید. **"می‌خواهی لباس‌خواب سفیدت را بپوشی یا آن راه راهه؟"**

- اگر دو یا بیشتر فرزند در خانه دارید باید از قبل برنامه‌ریزی کنید که آیا هر دو در یک زمان به تخت بروند و یا برای هرکدام یک‌زمان مشخص می‌کنید و به این قوانین پایبند باشید؛ اما زمانی

که یکی از فرزندانتان به تخت می‌رود آنکه دیرتر می‌خوابد باید قبول کند که یک فعالیت بی سر و صدا انجام دهد.

- ابتدا تصمیم بگیرید و دیگر نظرتان را به دلیل اصرار کودک عوض نکنید. اگر یک کتاب قرار است برایش بخوانید و یا اگر قرار است ۱۰ دقیقه برایش داستان تعریف کنید هر شب همین کار را کنید و با اصرار او یک قصه را دو قصه و ۱۰ دقیقه را ۲۰ دقیقه نکنید.

- یک اصطلاح و جمله برای خوابیدن طراحی کنید که مانند قرارداد دائماً زمان خواب از آن استفاده کنید؛ مانند: **"بوس، بغل، خواب "** و یا **"بیا یک بغلِ بزرگ بده مامان و برو لالا"** و یا **"زمان بوس و خوابه."**

هشدارهای مهم:

- خوابیدن نوزادان در تخت والدین تا ۱۲ ماهگی امکان ابتلای نوزاد به سندروم ناگهانی مرگ نوزاد در خواب[1] SIDS را افزایش می‌دهد. اگرچه که علت اصلی این سندروم هنوز کامل کشف نشده است اما دلایلی مانند نامناسب و نرم بودن تشک و خوابیدن نوزاد در تخت مادر و پدر، گرمای زیاد هوا و از همه مهم‌تر خوابیدن نوزاد روی شکم و یا روی پهلو می‌باشد. در ضمن در تشک مشترک خوابیدن با کودک باعث آسیب به ستون مهره‌های کودک می‌شود.

- نوزاد را روی شکم نخوابانید

بعضی از مادران به علت‌های مختلف مانند جلوگیری صاف شدن پشت سر نوزاد و یا کم شدن دل‌دردهای کولیک و جلوگیری از خفه شدن نوزاد در صورت برگرداند شیر، کودکان را گاهی روی شکم می‌خوابانند. این کار به‌مراتب خطرناک‌تر بوده و باعث مرگ ناگهانی کودک می‌شود.

[1] Sudden infant death syndrome (SIDS) is the unexplained death, usually during sleep, of a seemingly healthy baby less than a year old

وقتی به دنیا اومدی

خوردن و کودک شما:

غذا خوردن نه‌تنها باعث زنده ماندن انسان‌ها می‌شود بلکه یکی از راه‌های مهم لذت بردن از زندگی است. خوردن یک فعالیتی است که به‌طور کامل با خواست خود کودک انجـام می‌شود و ما می‌توانیم غذا را له کنیم و میان لب‌های فرزندمان بگذاریم، اما آیا می‌توانیم او را وادار کنیم که غذایی که نمی‌خواهد را بِجَوَد؟ و یا قورت دهد؟

مشکلات خوردن از آنجایی آغاز می‌شود که به نوزادی که متولد می‌شود شیشه شیر و یا پستان عرضه می‌شود. سال‌هاست انسان‌ها بین این دو راه یعنی شیر دادن با سینه مادر و یا شیر با شیشه اختلاف‌نظر دارند که کدام بهتر است. ما به شما پیشنهاد می‌دهیم که مزایا و معایب هر دو شیوه را مطالعه کنید و راهی که با شرایط شما مطابقت دارد را انتخاب کنید. در این انتخاب اطمینان و اعتماد مادر به شیوه انتخابی، از خود شیوه مهم‌تر است. در هر دو راه می‌توان کاری کرد که مواد غذایی موردنیاز بدن نوزاد تأمین شود. البته که شیر مادر به‌صورت طبیعی بسیاری از نیازهای نوزادان را فراهم می‌کند اما خیلی از بچه‌هایی که اکنون بزرگ‌شده‌اند و بسیار از لحاظ بدنی و روانی سالم و شاد هستند از شیرهای کمکی یا فورمولا[1] استفاده کرده‌اند.

بچه‌ها بسیار در زمینه‌ی شیر خوردن باهم متفاوت هستند. بعضی از آن‌ها اصلاً به شیشه لب نمی‌زنند، اما بعضی دیگر هر دو را راحت قبول می‌کنند، بعضی از نوزادان هم با چشیدن طعم شیرهای فورمولا دیگر به سینه مادر لب نمی‌زنند؛ اما زمانی که نوزاد شما شیر خود شما را می‌خورد به شما پیشنهاد می‌کنیم که گاهی شیر خود را بدوشید و در فریزر نگه دارید (مدت کمتر از سه هفته) و زمانی که در دسترس نیستید بتوانید به او با شیشه از شیر خود بدهید البته که بسیاری از مادرانی که شیر خود را به نوزادشان می‌دهند، ممکن است به دلایلی همیشه در دسترس نباشند.

گاهی حتی یک شب از نوزاد دور بودن به او کمک می‌کند (البته فقط یکی از والدین) که راه‌های دیگری را برای بقا و دریافت محبت پیدا کند و از وابستگی‌اش کم شود و در سنین بعد از ۶ ماه به دور بودن مادر واکنش‌های سخت نشان ندهد.

---

[1] منظور از شیر فورمولا شیرهای کمکی که برای بچه‌ها و نوزادان تهیه‌شده به‌صورت شیر خشک و مایعات موجود است.

بخش هشتم – خوابیدن، خوردن و آموزش توالت

نکته: اما برای کودکان زیر یک سال دور شدن هم از مادر و هم از پدر، به مدت بیشتر از یک‌شب اصلاً پیشنهاد نمی‌شود.

شیر مادر:

شیر مادر نه‌تنها به‌طور طبیعی حاوی تمام موادی است که بدن کودک نیاز دارد بلکه اتصال فیزیکی مادر و نوزاد باعث احساس دلبستگی ایمن برای نوزاد و ترشح هورمون اکسی توسین[1] برای مادر و درنتیجه آن، احساس لذت مادرانه برای مادر می‌شود. ترشح این هورمون باعث ساخته شدن شیر مجدد می‌شود.

نوزادان که تازه به دنیا می‌آیند، می‌تواند عملیات مکیدن را به‌طور غریزی شروع کند و معمولاً حتی مقدار کمی از شیر ابتدایی مادر که به آن شیر ماک یا آغوز (کولوسترم[2]) می‌گویند، برای بدن او کافی است و نیازی به شیر اضافی ندارد، این شیر که من به آن **طلای مایع** می‌گویم کمی به رنگ زرد است، حاوی مقدار زیادی گلبول‌های محافظ سفید است که باعث جلوگیری از رشد باکتری در بدن کودک می‌شود و همچنین مانند موم در روده کودک از حمله باکتری به آن جلوگیری کرده و به روده‌ها کمک می‌کند که به‌آسانی به اولین فعالیت خود بپردازند، سرشار از پروتئین راحت هضم است و کمک می‌کند کودک کمتر زرد شود. واقعاً کودک نیاز به شیر کمکی نخواهد داشت همان مقدار کم شیر ماک، کودک شما را سیر می‌کند.

در روزهای ابتدایی نوزادان معمولاً هر یک تا دو ساعت نیاز به شیر خوردن دارند و مخصوصاً برای مادر کم‌خوابی و تغییر این عادات ممکن است بسیار دشوار باشد اما کم کم نوزاد عـادت می‌کند که زمان بیشتری را بین دو وعده شیر تحمل کند.

گاهی در ابتدای کار نوزادان بسیار زود دست از مک زدن برمی‌دارند و به خواب می‌روند، اگر مادر اجازه دهد قبل از اینکه نوزادش کاملاً سیر شود بخواب رود، این به‌صورت عادت برای کودک می‌ماند و او می‌خواهد که مادر را برای همیشه در آغوشش نگه دارد تا هر زمان که خواست شیر در دسترسش باشد. همان‌طور که در مبحث قبلی نیز گفتم بهترین راه بیدار کردن کودک با نوازش و یا تکان دادن

---

[1] Oxytocin
[2] Colostrum

وقتی به دنیا اومدی

سینه در دهان اوست. به او یاد دهید که کامل سیر شود و پس از گرفتن باد گلو خودش در تخت خودش به خواب رود.

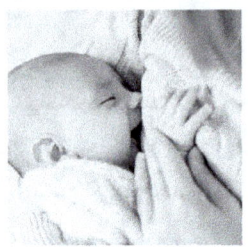

طرز صحیح قرار گرفتن زیر سینه را از پرستاران بیمارستان بپرسید، اگر کودک شما درست قرار بگیرد به سینه شما فشاری وارد نمی‌شود.

زمان شیردهی از قنداق یا پارچه‌ای که او را در آن می‌پیچید او را دربیاورید به سه دلیل:

۱- دمای بدن نوزادان به علت فعالیت مک زدن بالا می‌رود و اگر آن‌ها را بپیچیم احساس راحتی نمی‌کنند.

۲- زمانی که آن‌ها را در قنداق یا پارچه می‌پیچیم که می‌خواهیم بخوابند، اما زمان شیردهی باید سعی کنیم آن‌ها کاملاً هوشیار بشوند و شرایط با شرایط خواب متفاوت باشد.

۳- مدل قرار گرفتن بدن آن‌ها را ببینیم تا از راحتی آن‌ها مطمئن شویم. گاهی به دستشان زیر سینه‌مان فشار می‌آید.

نکته بسیار مهم دیگر اینکه اگر می‌خواهید نوزادتان شیر شما را فقط بخورد در این صورت در ۷ تا ۱۰ روز اول که فک او برای مک زدن هنوز قوی نیست و شیر شما هنوز غلیظ است به او در شیشه، شیر ندهید. چون ممکن است با یکبار شیر دادن با شیشه به‌سختی به سینه شما مک بزند با اینکه این روزها سر شیشه‌هایی که آمده بسیار شبیه سینه مادر است اما اگر خواستید گاهی شیرتان را بدوشید و با شیشه به او بدهید از هفته دوم آغاز کنید.

بعضی‌اوقات مادران به دلیل مریضی یا نارس بودم کودک و یا مریض یا گرفتاری خود مادر مجبور می‌شوند شیر خود را بدوشند در فریزر نگه‌دارند و به نوزاد بدهند.

چند نکته در این مورد:

- به سر شیشه‌ای که تهیه می‌کنید دقت کنید که متناسب با سن و ماه تولدش باشد.
- شیر مادر را می‌توان ۲ هفته در فریزر، ۴ روز در سردترین قسمت یخچال، ۶ ساعت در دمای متعادل اتاق نگهداری کرد.
- بهترین وسیله برای نگه‌داری شیر کیسه‌هایی است که درب آن‌ها کیپ می‌شود. روی آن تاریخ بزنید.
- برای از یخ باز شدنش ۱۲ ساعت قبل آن را در یخچال بگذارید و یا کیسه را در آب گرم قرار دهید، به‌هیچ‌وجه آن را در ماکروفر یا گاز قرار ندهید.
- شیری که یک‌بار از یخ بازشده را دوباره در فریزر انبار نکنید.

تغذیه با شیر فورمولا:

شیر فورمولا معمولاً از شیر گاو بدون چربی تهیه می‌شود که به آن پروتئین، ویتامین و مواد معدنی و کربوهیدرات و گاهی روغن‌های گیاهی اضافه می‌کنند که بیشتر مواد موردنیاز بدن نوزاد را داراست. این شیر اگر به‌صورت پودر باشد به آن شیر خشک می‌گویند و اما به‌صورت مایع هم در بازار یافت می‌شود. شیر فورمولا در سال‌های اخیر با منبع گیاهی هم وارد بازار شده است.

نکاتی است که باید در مورد شیر خشک یا شیر فورمولا مادران و پدران بدانند.

- شیر خشک را با آب جوشیده تهیه کنید.
- شیر خشک را نباید با آب جوش تهیه کنند تا مواد معدنی آن از بین نرود، زمانی که آب را می‌جوشانید بگذاری ولرم که شد، پودر شیر را در آن بریزید، آب به حدی ولرم باشد که شیر در آن به‌خوبی حل شود.

- شیر محیط مناسبی جهت رشد باکتری محسوب می‌شود، در شستن و استریل کردن شیشه‌ها بسیار دقت کنید.
- زمانی که شیر خشک را درست کردید نمی‌توانید به مدت زیاد آن را نگه‌دارید.
- قبل از دادن شیر به نوزاد از مناسب بودن دمای شیر اطمینان حاصل کنید.
- زمان خرید شیر فورمولا به تاریخ روی آن دقت کنید.

شیر غذای روح یا غذای بدن؟

اینکه با شیشه به او شیر می‌دهید یا شیر خودتان فرقی نمی‌کند اما نکته بسیار مهم که هدف عمده این کتاب است، حالت روحی شما زمان شیر دادن است. داستانی که در ابتدای کتاب آمده بود را به خاطر دارید. داستان نهال ۵ ماهه که از زبان خودش داستان را تعریف می‌کند که زمانی که مادر استرس دارد در شکم او نیز حباب‌های حس می‌کند و باعث دل‌درد او می‌شود. این کاملاً درست است و دلیل محکم علمی دارد.

نورون‌هایی در سیستم عصبی همه انسان‌ها وجود دارد به نام **نورون‌های آینه‌ای**[1]. یکی از کارایی‌های این نورون‌ها تقلید برای یادگیری مهارت‌های جدید مانند زبان و موسیقی است، اما کاربرد اصلی آن درک ادراکات و اعمال دیگران است؛ یعنی نوزاد بدون اینکه حتی توانایی در دیدن و یا شناختن ما را در روزهای اول پیدا کند نورون‌های آینه‌ای او احساساتی که درون ما است را تقلید می‌کند. چون نوزاد هنوز از راه‌های ارتباطی دیگر برای کامل کردن ادراکات خود، بهره‌مند نیست پس تقلید تنها راهی که نورون‌های آینه‌ای انجام می‌دهند.

نورون‌های آینه‌ای را نمی‌توانیم فریب دهیم پس شرایطی را برای خود ایجاد کنیم که حال روحی‌مان آن‌قدر خوب باشد که بتوانیم به نوزادمان اجازه دهیم از آن تقلید کند.

سعی کنید آرامش را به زندگی خود بیاورید تا با آرامش به او شیردهید و محلی آرام و ساکت را برای شیر دادن در نظر بگیرید.

---

[1] Mirror neuron

بخش هشتم - خوابیدن، خوردن و آموزش توالت

گرفتن از شیر:

بین سنین ۱۰ ماهگی تا ۱۴ ماهگی، بسیاری از نوزادان در یک دوران کوتاه علاقه خود را به شیری که می‌خورند از دست می‌دهند. آنجا بهترین زمان برای گرفتن از شیر است. چه با شیشه به آن‌ها شیر می‌دهید و چه از شیر خودتان می‌خورند فرقی نمی‌کند. این کار باعث می‌شود که نوزادان به احساس خود، باور پیدا کنند.

اما علی‌رغم این بعضی از مادران این کار را نمی‌کنند دلایل آن می‌تواند چه باشد؟

۱ - متوجه این موضوع نمی‌شوند که چه زمان نوزادشان نسبت به عادت شیر خوردن بی‌علاقه شده است.

۲ - خود والدین از احساس نزدیکی که بین آن‌ها و نوزاد در زمان شیر خوردن به وجود می‌آید لذت می‌برند و می‌خواهند این احساس را ادامه دهند.

۳ - شیر خوردن روش ساده ایی برای آرام کردن و خواباندن کودک است و زمانی که شیر را از او دور می‌کنیم با اینکه خود نوزاد علاقه‌اش کمتر می‌شود اما باز ممکن است برای خوابیدن بهانه‌هایی بیاورد.

۴ - به خیال بعضی والدین شیر برای سلامتی نوزاد لازم است، البته تا قبل از اینکه به‌صورت کامل از مواد غذایی استفاده کند و غذای جامد بخورد، منبع مواد غذایی مورد نیاز از شیر به بدن نوزاد می‌رسد اما زمانی که نوزاد شروع به خوردن انواع غذاها کرد شیر دیگر نیاز او نیست و می‌توان آن را به‌صورت یک یا دو فنجان در روز به کودک داد؛ و نه با شیشه و یا شیر مادر.

از شیر مادر یا از شیر خشک گرفتن کودک همیشه یکی از مشکلات والدین است مخصوصاً اگر از زمان آن بگذرد و برای کودک دیگر یک نیاز نباشد بلکه خواسته‌ای باشد که به‌صورت عادت درآمده است. بعضی از روانشناسان اعتقاد دارند که تا زمانی که مادر و کودک با این موضوع شیر خوردن هر دو راحت هستند، ادامه دادن آن مانعی ندارد.

وقتی به دنیا اومدی

ازآنجا که در این کتاب ما به درستی و غلط بودن موضوعاتی مانند این نمی‌پردازیم، تنها هدف از این قسمت، این است که مادران بدانند که اگر تصمیم دارند هم خود و هم کودکشان زمان جدا کردن از شیر از لحاظ روانی راحت‌تر باشند، بهترین موقع، زمانی است که کودک خودش این کم علاقگی را نشان می‌دهد.

زمانی که کودکتان را از شیر می‌گیرید باید این نکته را در نظر داشته باشید که کودک نیاز بیشتری به عشق و محبت شما دارد، در ضمن نیاز به باور شما نیز دارد یعنی شما به او و در توانایی اش در جدا شدن از سینه تان اعتماد دارید و در تصمیم خود راسخ هستید. این باور زمانی ساخته می‌شود که شما در تصمیم خود واقعاً **مصمم** باشید.

هیچ‌گاه زمانی که در انجام و پیاده کردن یک تصمیم مصمم و مطمئن نیستید و یا شرایطتان با آن تصمیم هماهنگ نیست، آن را آغاز نکنید، اگر می‌خواهید فرزندتان را از شیر، یا پستانک بگیرید و یا او را در اتاقش بخوابانید، فرقی نمی‌کند. تغییر در رویه و بازگشتن به شرایط قبل باعث دو اتفاق بد می‌شود:

۱ – کودک شما را، به‌عنوان یک مادر یا پدر مصمم نخواهد پذیرفت و بااینکه به هدفش با گریه یا بهانه‌گیری می‌رسد اما احساس امنیت نخواهد کرد. دریک جامعه هیچ‌کدام از ما رهبری که از تصمیمش، عقب‌نشینی می‌کند و بر کاری که می‌کند مطمئن نباشد را به‌عنوان یک رهبر قـوی و مصمم قبول نخواهیم داشت و در آن جامعه احساس امنیت و ثبات نمی‌کنیم. دنیای نوزادان هم با همین تصمیمـات و مصمـم بودن یا نبـودن ما شکل می‌گیرد.

۲ – زمانی که ما به خاطر بهانه یا گریه کودک، آماده نبودن شرایطمان و یا شک و تردید خودمان، پا پس می‌کشیم، باور خود را نسبت به توانایی کودک زیر سؤال می‌بریم و کودک به این ادراک می‌رسد که والدین من به توانایی من اطمینان ندارند.

یک مادر و پدر کامل ابتدا در مورد تصمیمی که می‌خواهند بگیرند مطالعه کافی می‌کنند، با هم هماهنگ می‌شوند شرایط را مهیا می‌کنند و با مهربانی و آرامش و اعتمادبه‌نفس تصمیم خود را اجرا می‌کنند و مصمم آن را ادامه می‌دهند تا به نتیجه نهایی برسند. این باعث می‌شود کودکشان را هم با یک روحیه خودباوری پرورش دهند.

تغذیه با غذای جامد:

از حدود ۶ ماهگی کودک آماده پذیرش غذای جامد می‌شود، بسیاری از نشانه‌ها را از خود نشان می‌دهد مانند اینکه زمانی که خانواده در حال غذا خوردن هستند، به غذای آن‌ها علاقه نشان می‌دهد و دوست دارد با غذاها بازی کند و گاهی بعدازظهرها احساس گرسنگی دارد که با شیر رفع نمی‌شود و باعث تغییر در حالت‌های رفتاری مانند بهانه‌جویی می‌شود.

زمانی که غذا دادن به کودک را شروع می‌کنید باید بتواند خودش گردنش را بگیرد و کاملاً بنشیند.

نکات کلیدی مهم:

- همیشه سعی کنید وقتی در خانه هستید، در یک نقطه خاص به کودک غذا دهید.
- غذا خوردن باید برای کودک مانند یک فعالیت که شروع و پایان دارد، پذیرفته شود. پس او را ساعت‌ها در صندلی مخصوص غذا قرار ندهیم و فرآیندی را مانند بستن پیشبند و تمیز کردن دست‌های کودک برای شروع و فرایندی مانند پاک کردن صورت او و بلند کردنش از صندلی

غذا، برای پایان غذا خوردن، برای او تعریف کنید. (این در آینده به شما کمک می‌کند که کودک ساعت‌ها برای خوردن غذایش با شما کلنجار نرود.)

- با یک مواد غذایی شروع کنید و هر زمان خواستید چیزی را اضافه کنید یکی‌یکی اضافه کنید با فاصله چند روز، مثلاً اگر با آرد برنج شروع می‌کنید و فرنی با آرد برنج و شیر مادر را به او می‌دهید چند روز ادامه دهید و سپس اگر می‌خواهید هویج را اضافه کنید. می‌توانید هویج پخته را له کنید جداگانه بدهید و یا با آرد برنج و آب فرنی کنید؛ اما چند مواد غذایی را باهم ندهید.[1] این‌گونه می‌توانید اگر کودکتان با یک غذا آلرژی و حساسیت نشان داد، آن غذا را تشخیص دهید و با این روش کمک می‌کنید که کودک معده قوی داشته باشد.
- انتظار کثیف شدن محل غذا خوردن کودکتان را داشته باشید، او می‌خواهد با غذا بازی کند و تجربه کسب کند. بعضی از مادران دوست دارند که خودشان به کودکشان غذا دهند، بعضی دیگر او را تشویق می‌کنند که خودش بخورد، به هر طریقی که دوست دارید کمی از غذا را در اختیار بچه قرار دهید تا با آن بازی کند؛ و ادراکش را نسبت به جنس، رنگ، طعم و بوی آن کامل کند.
- صبور باشید می‌دانم که غذا دادن به کودک چقدر لذت دارد. در روز اول میزان غذای کودک را فقط با یک قاشق شروع کنید. البته تعجب خواهید کرد که کودک شما چقدر طالب قاشق‌های بعدی است اما اگر می‌خواهید، همه غذاها را دوست داشته باشد، باید معده او برای هضم احساس ناراحتی نکند و آرام‌آرام با شرایط سازگار شود.
- شیر را با شروع غذا قطع نکنید. شیر مادر و یا شیر فورمولا باید حتی الامکان تا ده‌ماهگی به‌صورت کمکی ادامه پیدا کند تا کودک بتواند تمام مواد موردنیاز بدنش را تأمین کند.
- به غذای کودک به‌هیچ‌وجه نمک و شکر اضافه نکنید. او تا طعم نمک و یا شکر را نچشد نمی‌داند که چه مزه‌ای دارد اما همین‌که طعمش را چشید دیگر به غذای بدون آن‌ها علاقه نشان نمی‌دهد. کودکان به‌هیچ‌وجه به این دو ماده نیاز ندارند و ید موردنیاز آن‌ها از طریق خوردن غذاهایی مانند تخم‌مرغ و موز تأمین می‌شود. شکر موردنیاز نیز از طریق میوه‌ها تأمین می‌شود
- از دادن آب‌میوه‌های غیرطبیعی، شکلات، نوشابه خودداری کنید که این مواد می‌تواند معده آن‌ها را بسیار ضعیف کند.
- عسل و شیر گاو معمولی را تا یک‌سالگی به نوزاد ندهید.

---

[1] اینکه به کودک چه مواد غذایی بدهیم یا چه چیزی بهتر است باید با مربی تغذیه کودک مشاوره کنید و جزء مباحث این کتاب نیست و مثال بالا صرفاً یک مثال است و هیچ توصیه غذایی ندارد. در این کتاب فقط به مسائل روانشناسی، رفتاری و پرورشی اشاره می‌کند.

- اگر می‌خواهید کودکتان خودش غذایش را بخورد، او را زمان غذا خوردن تنها نگذارید.
- غذاها را بهتر است با پشت قاشق له کنید، اگر با دستگاه‌های خورد کن این کار را کنید کودکمان برای جویدن غذا تنبل می‌شود و بعدها که بزرگ‌تر شد به غذا خوردن علاقه نشان نمی‌دهد و باعث درد سر شما می‌شود.

اگر هویج را نخوری، خبری از دسر نیست!

بدترین کاری که ما والدین انجام می‌دهیم این است که با فرزندانمان بر سر غذا دعوا راه می‌اندازیم یا غذا را شرطی می‌کنیم. این باعث می‌شود کودک بجای اینکه خوردن را عامل تفریح و رشد خود بداند به‌عنوان یک وسیله برای جنگیدن با ما از آن استفاده می‌کند.
پاداش دادن برای تمام کردن غذا، تنبیه کردن برای نخوردن غذا یا بخشی از آن، انتقاد و سرزنش کردن و برچسب بدغذایی و حساسیت بیش‌ازحد نشان دادن، باعث می‌شود که کودک، شما را در مقابل خود ببیند و غذا خوردن را وسیله جنگیدن کند.
بسیاری از کودکان زمانی که شروع به نشان دادن قدرت خود می‌کنند می‌خواهند با بهانه‌جویی از غذا قدرت و توانایی خود را نشان دهند و گاهی ما والدین چون نگران سلامتی آن‌ها هستیم، وارد بازی‌هایی با آن‌ها می‌شویم که این بازی باعث می‌شود سال‌ها با غذا خوردن کودک مشکل داشته باشیم.
کودک باید با انتخاب‌هایش در طول روز احساس نیاز به قدرتش را کسب کند. مادر با سؤال‌هایی حق انتخاب زیادی به او می‌دهد و زمانی که کودک آماده غذا خوردن می‌شود، اگر حس کند که توانسته رنگ بشقاب و لیوانش را انتخاب کند و او بین هویج و کلم و فلفل سبز خودش انتخاب کرده است که کدام را بخورد آنگاه پیروزمندانه و با توانایی کامل بدون اینکه فکر کند کسی فکرش را به او تحمیل می‌کند، غذایش را می‌خورد و مادر بعد از خوردن غذا به او می‌گوید که **"آیا خوشحال هستی که به چه خوبی توانستی به بدنت انرژی برسانی؟ تو خیلی خوب غذای مناسب را انتخاب کردی؟"**

زمانی که کودکتان به سن یک‌سالگی می‌رسد، ظاهر غذا برایش مهم است.
او از اینکه بتواند بخشی از غذای خودش انتخاب کند لذت می‌برد. رنگارنگ بودن و زیبا بودن بشقاب از عوامل جذب و افزایش اشتهای آن‌هاست. خلاقیت به خرج دهید و یا از اینترنت تزیین‌های ساده را پیدا کنید.

بچه‌ها را اندازه خودمان درک کنیم، گاهی اصلاً اشتها نداریم و گاهی غذایی را دوست نداریم، زمانی که سر یک میز یا سفره دورهم می‌آییم عادت‌ها را باهم می‌آموزیم، باید به کودکمان زمان دهیم تا او نیز احترام متقابل و شیوه‌های صحیح خوردن، حتی با احترام غذایی را انتخاب نکردن را از ما یاد بگیرد. آرامش و مهربانی والدین و احترام گذاردن به سلیقه آن‌ها به‌مرور زمان باعث می‌شود که آن‌ها نیز با اشتها و بدون ایجاد مشکل با ما غذا بخورند.

- **زمانی که توانایی کافی کسب کرد، اجازه دهید خودش غذایش را در بشقابش بکشد.** شاید کمی کثیف کاری بشود اما واکنش نشان ندهید.

- **آن‌ها را وادار به خوردن بیشتر نکنید.** اگر کم غذا خورده‌اند بهتر است قبل از وعده بعدی تنقلات و میوه در دسترسشان نباشد. (یک بشقاب سبزیجات می‌تواند اشتهای آن‌ها را بیشتر هم بکند) تا برای وعده بعدی گرسنه شوند.

- **بعضی از بچه‌ها دوست دارند که بجای وعده‌های غذایی، بیشتر میان وعده بخورند،** هیچ اشکالی ندارد. بعضی اوقات میان وعده‌ها از غذاها پرخاصیت‌تر هستند به آن‌ها اصرار خوردن وعده‌های غذای زیاد نکنید، بجای آن میان وعده‌های خوب برای آن‌ها تهیه کنید؛ مانند نخودفرنگی، سیب‌زمینی آب پز، هویج، میوه، پنیر، ماست میوه‌های طبیعی، کرفس، آب‌میوه طبیعی، نان‌های سبوس‌دار برشته و یا آجیل.

این مواد به‌عنوان میان وعده بهتر از بسیاری از غذاهاست.

- **گاهی که با فرزندانمان به سوپرمارکت و میوه‌فروشی برویم**، کودک زمانی که حساسیت و دقت ما را برای خرید می‌بیند، یاد می‌گیرد که ویتامین‌ها و مواد معدنی برای ما چه نقش مهمی دارند و او نیز به غذا خوردن اهمیت می‌دهد. با آن‌ها در مورد میوه‌ها و مواد غذایی در فروشگاه‌ها صحبت کنید. از او نامشان را بپرسید، رنگ آن‌ها و اینکه چه غذاهایی می‌توان با آن‌ها درست کرد.

- **زمان تهیه و آماده کردن غذا برای او، در مورد مواد غذایی حرف بزنیم** و او را با هر میوه و مواد غذایی آشنا کنیم. زمانی که توانایی‌هایی پیدا کردند از آن‌ها کمک بگیریم. آن‌ها عاشق مشارکت در کارهای آشپزخانه هستند.

بیشتر عادات غذایی کودکان به ما بزرگتر ها مربوط می شود، آنها بسیار ما را کپی می کنند. به عادات غذایی خود فکر کنید:
آیا در روز هویج بیشتر می خورید یا چیبس؟
آیا در روز چای و قهوه بیشتر می نوشید یا آب؟
کنار همبرگرتان سیب زمینی سرخ کرده میگیرید و یا سالاد
چند غذا هست که اصلاً نمی خورید؟ ماهی؟ زیتون؟ کلم ......
آیا زیاد غذا می خورید؟

بخش هشتم – خوابیدن، خوردن و آموزش توالت

آموزش توالت کردن کودکان:

از پوشک گرفتن کودکان و آموزش توالت کردن، یکی دیگر از مشکلاتی است که والدین در دوره‌ای از رشد کودک، با آن روبرو هستند؛ اما یک واقعیت وجود دارد:

حتی اگر والدینی اصلاً نگران این آموزش نباشند و هیچ قدمی برندارند، کودکان در آخر این مهم را یاد می‌گیرند. چون آن‌ها بالاخره می‌خواهند مانند دیگران رفتار کنند.

زمان مناسب چه زمانی است؟

برعکس غذا خوردن و یا از شیر گرفتن هیچ زمان و سن مشخصی برای این منظور نیست. کودکانی هستند که در ۱۸ ماهگی این آمادگی را پیدا می‌کنند و کودکانی دیگر در ۴ سالگی. این موضوع ربطی به هوش کودک ندارد و مادر و پدر باید با آرامش فرزندشان را زیر نظر بگیرند و ببینند که در چه زمان این آمادگی برای کودک فراهم می‌آید و آن زمان اقدام کنند. در اینجا این سؤال پیش می‌آید که چه زمانی کودکان آمادگی آن را پیدا می‌کنند؟

نشانه‌های ظاهری

- آیا فواصل خیس کردن پوشک زیادتر می‌شود؟ یا نه
- آیا بعدازاینکه از خواب بیدار می‌شود، پوشک او خشک است یا نه؟
- آیا زمانی که در حال توالت کردن در پوشک است، می‌ایستد یا می‌نشیند و به صورتش و بدنش حالت تمرکز کردن بر کاری که می‌کند، می‌دهد؟
- آیا زمانی که پوشکش خیس می‌شود، بسیار احساس ناراحتی می‌کند؟

تمام این موارد نشان می‌دهد که ظرفیت مثانه فرزندتان افزایش پیداکرده است و می‌تواند قبل از توالت آگاهی‌اش را داشته باشد. آنگاه زمانی است که به آن‌ها توضیح دهید که هرکدام از اعضاء خصوصی‌اش که توالت می‌کنند چیست و چگونه می‌توانیم بجای پوشک از توالت استفاده کنیم.

وقتی به دنیا اومدی

در ابتدای کار بیشتر والدین هستند که در این زمینه آموزش می‌بینند تا کودکان! چون آن‌ها با توجه به سرنخ‌ها، حالت بدن و صورت کودک سریع او را به توالت می‌رسانند و بعد از مدتی کودک یاد می‌گیرد که چه زمانی باید اعلام کند.

در ابتدا توانایی کودکان برای نگه‌داشتن بسیار کم است، یعنی فاصله اعلام تا توالت کردن بسیار کم است، مثلاً اگر در دوران آموزش هستیم (معمولاً بین ۳ تا ۴ هفته) بهتر است مدت‌زمان طولانی درجایی که توالت در دسترس نیست، نمانیم و یا مسافت‌های زیاد رانندگی نکنیم.

مشکلات روانی:

یادمان باشد که به‌عنوان والدین این موضوع را تبدیل به یک معضل نکنیم، چون کودکان زمانی که اصرار، پافشاری و حساسیت ما را روی موضوعی می‌بینند، به‌صورت ناخودآگاهی استرس می‌گیرند و باورشان از خودشان کم می‌شود و باعث می‌شود توانایی‌شان نسبت به آن موضوع کم شود و نتیجه برعکس دهد.

اگر زیاد به این موضوع تمرکز کنیم، باعث می‌شود کودک نتواند از زندگی لذت ببرد و باعث ایجاد اضطراب در کودک و یا بیماری‌هایی مانند وسواس شود.

کودکان زمانی که آمادگی‌شان برای آموزش به توالت شروع می‌شود، نیاز به انگیزه‌های بیرونی، مانند جایزه ندارند، زیرا به‌اندازه کافی از درونشان می‌خواهند که به این مهم دست یابند و این یک توانایی برایشان محسوب می‌شود، پس دادن پاداش به آن‌ها برای تشویق کردنشان یک عاملی است که باعث می‌شود علاقه آن‌ها به یادگیری کم شود. عامل دومی که علاقه آن‌ها را کم خواهد کرد، استرسی است که والدین دارند. سعی کنید با این موضوع بسیار طبیعی رفتار کنید و هرگاه کودکتان

در لباسش یا در مسیر رسیدن به توالت خودش را خراب کرد، او را سرزنش نکنید. به او بگویید، مشکلی نیست تو داری یاد می‌گیری و این در زمان یادگیری برای همه پیش می‌آید.
گاهی اوقات که کودکان در سنین بالای سه سال هستند و هیچ نشانه ظاهری به ما نشان نمی‌دهند، آن‌ها به کاری که می‌کنند واقف هستند و زمانی که در پوشکشان کارشان را کردند به ما خبر می‌دهند. در این حالت باید بدانیم که در این امر بسیار به آن‌ها سخت گرفته‌ایم و استرس این را داشته‌ایم که چرا کودک ما هنوز نمی‌تواند توالتش را اعلام کند. بهتر است کمی صبور باشیم و مدتی کودک را رها کنیم تا بداند که ما بابت این موضوع نگرانی نداریم.
حالات دیگری نیز وجود دارد که کودک یاد گرفته به توالت برود، اما در نقاطی از خانه قایم شده و این کار را انجام می‌دهد یا به‌طور عمدی در لباسش این کار را می‌کند، این به دو دلیل است:
دلیل اول اینکه میزان توجهی که نیاز دارد را از شما دریافت نمی‌کند و با این کار می‌خواهد توجه شما را جلب کند، حتی با اینکه توجه منفی باشد.
دلیل دوم این است که تعویض کودک ممکن است برای شما کاری بسیار مشکل باشد، مخصوصاً از سنین دوسالگی که کودک تمام مواد غذایی را می‌خورد، اما بیان و نشان دادن این موضوع به‌عنوان یک دردسر باعث اضطراب کودک در رابطه با مدفوعش می‌شود. گاهی هم والدین حرفی از نارضایتی زمان تعویض کودک نمی‌زنند اما کودک نارضایتی را در زبان بدن و صورت و لحن مادر یا پدر می‌بیند.
به‌طور مثال: زمانی که از خانه خارج می‌شویم و همان لحظه نیاز به تعویض پوشک کودک پیش می‌آید و مادر فقط می‌گویید: **"آخه الان موقع این کار بود؟"** حتی زبان بدن ما هنگام شستن کودک، اگر به نحوی باشد که از کاری که می‌کنیم، خرسند نباشیم باعث اضطراب کودک و به تأخیر افتادن یادگیری او در این زمینه می‌شود. کودک باید به این فکر کند که این‌یک عامل **طبیعی** است و مادر و پدر از اینکه به او رسیدگی می‌کنند، **لذت** می‌برند.
در مواردی بحث مادر و پدر برای اینکه کدام‌یک از آن‌ها، پوشک او را عوض کند و یا کدام‌یک کودک را سرپا بگیرد. تمام این‌ها را کودک می‌شنود و احساس گناه می‌کند که چرا والدینش را در دردسر می‌اندازد و این احساس گناه باعث نتیجه برعکس می‌شود.

وقتی به دنیا اومدی

امید و انگیزه سازی:

- محیط توالت را قشنگ کنید، چند عروسک در آن بگذارید و اجازه دهید کودکتان روی آینه آن نقاشی بکشد.

- سیفون کشیدن و دست شستن دو کار موردعلاقه بچه‌هاست زمانی که در توالت کارشان را انجام می‌دهند اجازه دهید سیفون را بکشند و چهارپایه‌ای بگذارید تا با دست شستن آب‌بازی کنند و از پروسه کار لذت ببرند.

- زمان آموزش، بجای پرسیدن جملهٔ " **آیا توالت داری؟** " و یا " **می‌خواهی بریم توالت؟** " یا امثال این‌ها که همیشه به جواب **"نه"** ختم می‌شود. بهتر است با توجه به زمان گذشته از آخرین توالت و نشانه‌های ظاهری او فقط بگوییم: **"الان زمان رفتن توالت است"** و کار را انجام دهید.

- توالت را جای کثیف به کودک معرفی نکنید، محیط توالت را تمیز نگه‌دارید و اجازه دهید، کودک در آنجا آزاد باشد.

نکته: پوشک‌های کامل و جدیدی در بازار آمده است که قدرت جذب بسیار بالایی دارد که کودک ما اصلاً احساس خیس بودن نمی‌کند؛ اما زمانی که در حال آموزش است، اشکال کار اینجاست که نمی‌تواند خیسی را احساس کند و این مسئله ارادی شدن و آموزش را به تعویق می‌اندازد. پس سعی کنیم در حد امکان زمان‌هایی که در کنارشان هستیم اصلاً پوشکشان نکنیم و یا از پوشک‌هایی با میزان کمتری از جذب استفاده کنیم. تا خیسی را احساس کنند و بتوانند زودتر اراده به ادرار را یاد بگیرند.

نکته: زمان آموزش بهتر است، آن‌ها را به محیط‌هایی که دیگران هستند نبرید، آن‌ها را خجالت‌زده نکنید. اگر کار می‌کنید بهتر است زمانی که نشانه‌های آمادگی‌اش را برای یادگیری دیدید دو هفته مرخصی بگیرید. سعی کنید در خانه با کنترل و نظارت خود این مهم را انجام دهید. البته بدون اینکه فرزند شما حس کند که تمام تمرکز شما بر این موضوع است.

زمانی که آموزش را شروع کردید بهتر است وقفه نیندازید، مگر اینکه ببینید فرزندتان آمادگی ندارد.

بخش هشتم – خوابیدن، خوردن و آموزش توالت

اما اگر شروع کنید و دو روز به او پوشک نپوشانید و روز سوم خسته شوید زحمت شما به باد می‌رود و کودک نیز خودباوری‌اش را به این موضوع از دست می‌دهد. او بالاخره یاد خواهد گرفت او همیشه می‌خواهد، مانند مادر و پدرش توانا باشد!

> صبور باشید، به یاد داشته باشید،
> که هیچ کودکی با پوشک به دانشگاه نرفته است.

وقتی به دنیا اومدی

خلاصه مطالبی که در این فصل آموختیم:

- آشنایی با بدن و فیزیک فرزندمان یکی از مهم‌ترین مهارت‌هایی است که با یادگیری مراحل رشد کودک برای ما به وجود می‌آید. در اینجا مهم است که بدانیم، ما با بدن یک انسان دیگر روبرو هستیم، بدین معنی که نمی‌توانیم او را مجبور کنیم بخوابد، او را مجبور کنیم که غذا یا شیر بخورد و یا کنترل دستشویی‌اش را داشته باشد.

- بچه‌ها بهتر است که قبل از شش‌ماهگی یاد بگیرند که خودشان بتوانند بخوابند. زمانی که این مهم به تعویق بیافتد، پدر و مادرها بیشتر دچار مشکلات خواهند شد. یکی از بهترین راه‌ها گذاشتن نوزاد در تخت، قبل از اینکه کاملاً به خواب برود است. اگر تاکنون کودک شما نتوانسته به‌تنهایی بخوابد، می‌توانید از روش ۵-۱۰-۱۵ استفاده کنید.

- خوابیدن نوزادان در تخت والدین تا ۱۲ ماهگی امکان ابتلای نوزاد به سندروم ناگهانی مرگ نوزاد در خواب SIDS[1] را افزایش می‌دهد. نوزاد را روی شکم نخوابانید.

- غذا خوردن نه‌تنها باعث زنده ماندن ما می‌شود بلکه یکی از راه‌های مهم لذت بردن از زندگی است. خوردن، یک فعالیتی است که به‌طور کامل با خواست خود کودک انجام می‌شود.

- شیر مادر نه‌تنها به‌طور طبیعی حاوی تمام موادی است که بدن کودک نیاز دارد بلکه اتصال فیزیکی مادر و نوزاد باعث ایجاد احساس دلبستگی ایمن برای او می‌شود.

- شیر فورمولا معمولاً از شیر گاو بدون چربی تهیه می‌شود که به آن پروتئین، ویتامین و مواد معدنی و کربوهیدرات و گاهی روغن‌های گیاهی اضافه می‌کنند که بیشتر مواد موردنیاز بدن نوزاد را داراست.

---

[1] Sudden Infant death syndrome

بخش هشتم – خوابیدن، خوردن و آموزش توالت

- از ۶ ماهگی کودک آماده پذیرش غذای جامد می‌شود، بسیاری از نشانه‌ها را از خود نشان می‌دهد. با یک مواد غذایی شروع کنید و هر زمان خواستید چیزی را اضافه کنید یکی‌یکی اضافه کنید با فاصله چند روز، به غذای کودک به‌هیچ وجه نمک و شکر اضافه نکنید.

- بین سنین ۱۰ ماهگی تا ۱۴ ماهگی، بسیاری از نوزادان علاقه خود را به شیری که می‌خورند از دست می‌دهند. آنجا بهترین زمان است برای گرفتن شیر.

- آموزش توالت یکی از آموزش‌هایی است که سن خاصی ندارد، حتی اگر والدینی اصلاً نگران این آموزش نباشند و هیچ قدمی برندارند، کودکان در آخر این مهم را یاد می‌گیرند، چون آن‌ها بالاخره می‌خواهند مانند دیگران رفتار کنند. مادر و پدر باید با آرامش به نشانه‌ها توجه کنند که چه زمان این آمادگی برای کودک فراهم می‌آید و آن زمان اقدام کنند. یادمان باشد که به‌عنوان والدین این موضوع را تبدیل به یک معضل نکنیم، چون کودکان زمانی که اصرار و پافشاری و حساسیت ما را روی موضوعی می‌بینند، به‌صورت ناخودآگاهی استرس می‌گیرند و باورشان از خودشان کم می‌شود و باعث می‌شود توانایی‌شان نسبت به آن موضوع کم شود و نتیجه برعکس دهد.

وقتی به دنیا اومدی

تمرینات این بخش:

- مشکلات و مزایای تنها در اتاق خودش خوابیدن کودک را بنویسید؟

- مشکلات و مزایای در تخت شما خوابیدن کودک را بنویسید؟

- مشکلات و مزایای در تخت خودش اما در اتاق شما خوابیدن را بنویسید؟

- شما کدام را دوست دارید؟ چرا؟ برای مشکلاتش چه راه‌حلی دارید؟

- آیا مشکلی با غذا خوردن کودکتان دارید؟ اگر مشکل دارید و او کم‌غذا و یا بسیار سخت‌گیر است آیا

☐ شما و همسرتان بدغذا هستید و بعضی از غذاها را نمی‌خورید؟
☐ آیا به نظافت زیاد اهمیت می‌دهید و گاهی دوستانتان به شما می‌گویند وسواس دارید؟
☐ آیا زمان بارداری، تهوع حاملگی داشته‌اید؟

بخش هشتم - خوابیدن، خوردن و آموزش توالت

- آیا فکر می‌کنید برای گرفتن از پوشک کودکتان بیشتر از بقیه پدر و مادران مشکلات داشتید و زمان بیشتری طول کشید؟ اگر جوابتان بله است، شما و یا همسرتان:

☐ آیا به نظافت زیاد اهمیت می‌دهید و گاهی دوستانتان به شما می‌گویند وسواس دارید؟
☐ آیا مسئله توالت کردن فرزندتان تبدیل به یک نگرانی عذاب‌آور برای شما شده است.
☐ بیشتر صحبت‌های روزمره شما حول این محور است.
☐ آیا هر بار که او موفق می‌شود و توالتش را به‌موقع اعلام می‌کند به او پاداش می‌دهید و یا برای این کار جایزه تعیین کرده‌اید.
☐ آیا زمان توالت کردن مرتباً به او گیر می‌دهید که به چیزی دست نزند، چون محیط کثیف است.

آیا تاکنون به این فکر کرده‌اید که به دوستانی که باردار هستند و یا اگر نوزادشان به دنیا آمده است بجای شیرینی و یا گل این کتاب را به همراه کتابچه کیانا آن‌ها هدیه دهید.

سخن آخر

باهم بزرگ شویم:

در قدیم اعتقاد داشتند که اگر زن و شوهر باهم اختلاف دارند باید بچه‌دار شوند تا پایه زندگی محکم شود و شاید سرگرم شوند تا وقت به هم گیر دادن را نداشته باشند. البته علم روانشناسی دنیا با این مسئله بسیار مخالف است و اعتقاد دارد که مشکلات بنیادین بین زن و مرد با آمدن فرزند بسیار بدتر شده و امکان دارد در شکل سازی آینده کودک اثر مخرب داشته باشد.

اما واقعیت این است که عده‌ای از انسان‌ها با وارد شدن به دنیای والدگری، زمانی که تلاش می‌کنند که فرزندی را پرورش دهند، خود نیز تغییر می‌کنند. (البته درصورتی‌که خودشان هم بخواهند که تغییر کنند).

در درجه اول یک مادر و پدر یاد می‌گیرد که بدون دلیل و بدون توقع عاشق شود.

زمانی بوده که تمام ارتباط ما با شخصی که برای همسری انتخاب کردیم بر اساس توقع متقابل بوده، اما اکنون شخصی به زندگی ما وارد می‌شود که بی توقع دوستش داریم و برای دوست داشتنش توقع نداریم که تغییر کند. بسیاری از والدین به‌صورت ناخودآگاه به این فلسفه بزرگ می‌رسند که انسان‌های اطرافشان را همان‌گونه که هستند دوست بدارند و اگر انتظار تغییر دارند باید از خودشان شروع کنند.

وقتی به دنیا اومدی

این‌یک تئوری بسیار پرطرفدار است به نام **تئوری انتخاب**[1] که توسط دکتر **ویلیام گلاسر**[2] اولین بار مطرح شد و اکنون درحال توسعه در همه دنیاست. به شما پیشنهاد می‌کنم که کتاب‌های دکتر گلاسر را با ترجمه دکتر علی اصحابی بخوانید.

با تبریک به والدینی که برای تشویق فرزندان‌شان به یک رفتار خوب و پسندیده، ابتدا خودشان آن رفتار را انجام می‌دهند و در مسیر بزرگ شدن فرزندشان آن‌ها نیز رشد می‌کنند. من اطمینان دارم شما یکی از این والدین هستید.

اگر همسرمان همراه نیست چه کنیم:

در بسیاری از سمینارها و فراخوان‌ها این سؤال یکی از سؤالاتی بود که بسیاری از والدین مخصوصاً مادران از من می‌پرسیدند. برای همین لازم دیدم که در این کتاب اشاره‌ای به آن داشته باشم. بسیاری از مادران از این شکایت داشتند که در راه‌ها و اصول فرزند پروری همسرشان با آن‌ها همراه نیستند و هر چه آن‌ها می‌کارند همسران خراب می‌کنند و حاضر نیستند کتاب بخوانند و یا حتی درس‌های آنلاین را بشنوند و آن‌ها را نیز به مسخره می‌گیرند.

چند دلیل وجود دارد:

- ساختار ذهنی هر انسان معمولاً به گونه ایست که دوست ندارند کسی به آن‌ها بگوید چیزی را انتخاب کنند.
- بسیاری از ما انسان‌ها، درست ارتباط گرفتن با همسرمان را به‌خوبی نیاموخته‌ایم. بر اساس تئوری انتخاب که در صفحه قبل به آن اشاره کردم: هرکسی مسئول تغییرات خود است و نمی‌توانیم دیگران را وادار کنیم که تغییر کنند.

---

[1] Choice theory
[2] William Glasser, MD,

شما کافی است، هر جا که می‌توانند تغییراتی که می‌دانید در جهت پرورش فرزندتان خوب است را با اعتمادبه‌نفس انجام دهید و هیچ‌گاه همسرتان را به خاطر اینکه اصول شما را رعایت نمی‌کند سرزنش نکنید.
او را دعوت به خواندن کتاب یا شنیدن مطالب فرزند پروری بکنید و یا از او بخواهید گوش کند که نظرش را بدهد، اما به یاد داشته باشید که اگر این مسئله تبدیل به دعوا و کشمکش شود به شما اطمینان می‌دهم که اثراتش به‌مراتب بدتر از بکار گیری شیوه‌های غلط است. ارتباط خوب شما و احترام به نظر او، در پرورش فرزند بسیار مهم است.
شما کافی است شیوه‌های مدرن فرزند پروری که آموختید را اعمال کنید و زمانی که همسر شما، نتیجه‌اش را ببیند، به‌تدریج او نیز به انجام آن‌ها علاقه‌مند می‌شود.
یادمان باشد اولین درس فرزند پروری مثبت این است که کودک ما یک انسان کاملاً مستقل است با علایق و توانمندی‌هایش، ما به‌عنوان پدر و مادر فقط راهنما و هدایت‌کننده او هستیم تا به سمتی که می‌خواهد برود.

- با قلب، والدگری کنیم:

بسیاری از رفتارهای اشتباه والدین به خاطر دوست داشتن بچه‌هایشان است:

" من اگر فرزندم را کتک می‌زنم، به خاطر خودش است.
چون می‌خواهم خوب تربیت شود "
" چون بچه‌ام را دوست دارم، مجبورش می‌کنم که این کار را بکند."
" من برایش تصمـیم می‌گیرم، چون عاشقش هستم و نمی‌خواهم که بدبخت بشود "
" من و پدرش برای او خیلی زحمت کشیدیم."

اصلاً شکی در آن نیست که ما عاشق بچه‌هایمان هستیم؛ اما روشی که این علاقه را به فرزندانمان نشان می‌دهیم، مهم است می‌تواند باعث شود که توانایی‌هایی که می‌توانسته در او رشد کند

وقتی به دنیا اومدی

سرکوب شود و یا روش درست آن می‌تواند فرزندمان را به سمت شکوفا شدن توانایی‌هایش در بالاترین حد ممکن سوق دهد و به‌طوری‌که او هم با تمام وجود از انتخاب‌هایش خوشنود باشد.

درست است که یادگیری شیوه‌های فرزند پروری بسیار مهم است اما یادمان باشد که والدگری باید از قلب باشد. من به‌عنوان یک مادر اگر قرار است، راهنمای خوبی برای فرزندم باشم تا او بتواند راهش را پیدا کند در درجه اول باید با قلب یک مادر یا پدر که سرشار از عشق بدون شرط است این کار را انجام دهم.

این قلب است که شب‌های بی‌خوابی را تحمل می‌کند، این قلب است که درد کولیک را می‌فهمد، این قلب است که دلیل بی‌قراری‌ها را می‌فهمد و این قلب است که رابطه عمیق عاطفی را می‌فهمد و باعث می‌شود فرزند ما در تمام دوران زندگی راه بهتر را انتخاب کند چون باوجود چنین والدینی و چنین رابطه و دلبستگی امنی همیشه احساس مهم بودن و متعلق بودن را در قلبش دارد.

سخن آخر

نکات بسیاری گفته شد، به یادآوردن و بکار بستن تمام نکات این کتاب کار آسانی نیست. البته حتماً تاکنون بسیاری از آن‌ها را بکار بسته‌اید و نتیجه‌اش را هم دیده‌اید؛ اما اگر من بخواهم تنها یک درس نه به‌عنوان یک مربی و نه به عنوان نویسنده این کتاب بلکه به‌عنوان یک مادر خوشبخت به شما بدهم، این است که قدر این لحظاتی که در اختیار دارید را بدانید، منتظر معجزه ایی نباشید که نوزاد شما را بخواباند و یا یک دارویی که کودکتان را آرام کند و یا وردی که بخوانید تا فرزندتان بزرگ شود و دردسرهایتان کمتر شود.

از این پروسه که در حال یادگیری چیزهای تازه هستید، لذت ببرید. وقتی خواب است نفس‌هایش را ببینید، از راه افتادنش فیلم بگیرید، رؤیاپردازی کنید، با او بخندید و بازی کنید، وسایل خانه با ارزش‌تر از این لحظات نیست، نهار ظهر با ارزش‌تر از او نیست، مهمان‌ها می‌توانند کمی صبر کنند، دیوارهای خانه را می‌توانید رنگ بزنید، لیوان‌های نو می‌خرید، می‌توانید بعداً ساعت‌ها بخوابید و در آرامش چای بنوشید، اما اگر این لحظات تمام شدند و لذت نبردیم دیگر فقط حسرتش را می‌کشیم.

سخن آخر

از والدگری لذت ببریم

لذت بردن، نسبی است و صد در صد بستگی به زاویه دید ما نسبت به زندگی دارد.

امیدوارم که این کتاب به شما کمک کرده باشد و اطلاعات خوبی گرفته باشید تا در حیاتی‌ترین سن کودکتان بهترین قدم‌ها را بردارید و باهم یاد بگیرید و تجربه کنید.

بهترین هدیه‌ای که شما می‌توانید به فرزندانتان بدهید اسباب‌بازی‌ها و لوازم مدرن نیستند (البته هر چیزی که زندگی را برای ما و آن‌ها راحت‌تر کند و شرایطش را داشته باشیم عالی است، اما کافی نیست) خواهید دید که همه این‌ها بعد از سال‌ها بی‌استفاده گوشه‌ای می‌افتند اما بهترین هدیه که به کودک خود می‌دهید احترام به او و نظراتش، شنیدن او و باور توانایی‌هایش است، درس مسئولیت‌پذیری و لیاقت به او بدهید و به او این احساس را بدهید که باوجود او دنیای شما چقدر لذت‌بخش‌تر می‌شود.

از شما خواهش می‌کنم که این کتاب را به هرکسی که می‌شناسید و فرزند ۰ تا ۳ سال دارد و یا در فکر فرزند دار شدن است سفارش کنید. بدین دلیل که:

زمانی که شما کتابی را به کسی دیگر معرفی می‌کنید خود را موظف می‌کنید که آن کتاب را بخوانید و راهکارهایش را انجام دهید زیرا باید دلیلی برای معرفی کتاب ارائه دهید.

دوم اینکه زمانی که اطرافیان شما با شما هم سو باشند در اجرای راهکارها راحت‌تر هستید و اگر از مادر و خواهر یا برادر خود بخواهید که کتاب را بخوانند، این نه‌تنها به شما کمک می‌کند که اگر رفتاری با فرزند خود می‌کنید، برای آن‌ها نیز قابل‌درک باشد، بلکه آن‌ها هم با فرزند شما همان‌گونه رفتار خواهند کرد و فرزند شما دچار دوگانگی نمی‌شود.

دلیل سوم اینکه فرزند شما اگر در دنیایی بزرگ شود که استانداردهای رفتاری بالایی داشته باشد و همه هم سن و سالانش با عزت‌نفس، مسئول، موفق و احترام گزار باشند بسیار آسان‌تر می‌تواند رشد کند و آن محیط، محیطی امن‌تر و لذت‌بخش‌تر برای رشد فرزندتان می‌شود.

و دلیل چهارم اینکه چه لذتی بالاتر از اینکه شاید با معرفی یک کتاب بتوانیم آینده یک بچه را تغییر دهیم. این موضوع را زمانی که کتاب دوم[1] پسرم چاپ شد، یکی از دوستانم به من یاد داد. او ۱۰ جلد از کتاب پسرم را خرید و به من که با تعجب به او نگاه می‌کردم، گفت که این کتاب‌ها را می‌خواهد به بچه‌های فامیل بجای اسباب‌بازی عیدی دهد و اگر یکی از نکات این کتاب تغییری در آینده آن‌ها ایجاد کند. این موضوع او را خرسند خواهد کرد. آنجا بود که تصمیم گرفتم به هرکسی می‌توانم کتاب هدیه دهم.

پایان

---

[1] Book name: How to survive school

تقدیر و تشکر:

آیا می دانید دلیل اینکه در آخر کتاب از دوستانی که مرا در نگارش این کتاب یاری کردند تشکر می کنم زیرا شما خوانندگان عزیز پس از مطالعه کامل کتاب از اهمیت نقش آنها آگاه شوید، از این رو تشکر می کنم از

سرکار خانم نجما حبیبی برای تصحیح نگارشی.
سرکار خانم سمانه شقاقیان برای همکاری در تهیه کتاب صوتی.
جناب آقای مجتبی روشنی برای همکاری در دیجیتال مارکتینگ.
سرکار خانم هنگامه عسگری برای حمایت های حقوقی.
و البته تشکر ویژه

که بدون این دوستان کار تهیه کتاب بسیار دشوار بود.

عکسهای بسیار زیبایی که بر روی جلد و داخل این کتاب چاپ شدند، را مادران و پدران مهربان برایمان ارسال کردند به ترتیب صفحات:

روی جلد:

- آرتا اسدی از شیراز

داخل کتاب:

- آرتان باقری از تهران
- آریان معنوی از ونکوور
- بهاره سادات وکیل از قم
- دنیل مرادی از اِزمیر (ترکیه)
- کیان کاویانی از تهران
- امیر علی بابایی از لنگرود
- کمند رزمی از شیراز
- آریان حسین پور از آمل
- مهراد اسپری از گچساران
- ایرن عابدینی از لاهیجان
- کیارش بهرامی فر از زاهدان
- نیکا صالحی کلاهی از شیراز
- نیاسا زمزمه از کرج

- یاسمین چاوشی اکبری از تهران
- نگار احمدی از تهران
- مهرسا زمزمه از کرج
- محمد میرشکار زابل
- سبحان رییسی میناب
- درسا بهادر از کرمان
- امیر پاشا زارع از شیراز
- محمد یاسین محمدی از تهران
- آرتین پیرانفر از تهران
- مهدی یوسفی از تبریز
- آرسین صفدری از تهران

در صورتی که مایل هستید، تصویر دلبندتان در محصولات بعدی ما باشد. فایل عکس را به ایمیل info@farzandrah.com ارسال کنید.

آثار دیگری از نغمه کشاورز:

کیانا ۱

کتابچه یاداشت اقدامات، نظرات و احساسات والدین ۰ تا ۳ سال

این کتاب برای یک مکمل عالی برای کتاب وقتی به دنیا اومدی می باشد.

کتاب وقتی شیرین زبون شدی

راهنمای مادران و پدرانی که کودکان ۳ تا ۶ سال دارند

کیانا ۲

کتابچه یاداشت اقدامات، نظرات و احساسات والدین ۳ تا ۶ سال

این کتاب برای یک مکمل عالی برای کتاب وقتی شیرین زبون شدی می باشد.

برای تهیه این آثار به نشریه اهل سخن در ایران و به سایت آمازون در خارج از ایران می توانید مراجعه کنید.

اگر مایل هستید در مدرسه فرزند پروری ما شرکت کنید، کافی است به این آدرس زیر مراجعه کنید:

http://farzandrah.ir

در قسمت محصولات " فرزند موفق – والدین خوشحال " را انتخاب کنید.

در این محصول آموزشی می‌خوانید:

- چگونه فرزندانمان بدون دعوا و داد و غر زدن به ما گوش کنند.

- چگونه در خانه آرامش را برقرار کنیم. این محصول برای مادرها و پدرهایی طراحی‌شده است که از دعوا و آشوب در خانه خسته شده‌اند و استرس دارند از اینکه چرا فرزندانشان با آن‌ها و دیگر خواهر برادرانشان، بر سر قدرت دعوا دارند.

- در این دوره آموزشی یک سری استراتژی‌ها آموزش داده می‌شود که ستون اصلی فرزند پروری است و برای همه بچه‌ها با هر خلق‌وخویی کاربرد دارد. به شما راهکارهای یک مادر قاطع مثبت بودن را آموزش می‌دهد.

- جلسات پرسش و پاسخ رایگان و عضویت در کانال تلگرام برای مادر و پدرانی که این دوره را تهیه می‌کنند، تدارک دیده‌شده است.

منابع فارسی:

کودک کامل-مغز: ۱۲ راهکار شگفت‌انگیز برای پرورش ذهن در حال رشد فرزندتان، دکتر دانیل جی. سیگل، دکتر تینا پین برایسون: برگردان مهرناز شهرآرای، چاپ دوم، نشر تهران: آسیم، ۱۳۹۶

تئوری انتخاب: درآمدی بر روانشناسی امید، دکتر ویلیام گلسر، برگردان دکتر علی صاحبی، چاپ یازدهم، سایه سخن، تهران، ۱۳۹۵

منابع انگلیسی:

References
Raising an Emotionally Intelligent Child: The Heart of Parenting, John Gottman, Simon & Schuster, 1998
Emotional Intelligence, Daniel Goleman, Bantam Books, 1996
Touchpoints: Your Child's Emotional and Behavioral Development, T. Berry Brazelton, Da Capo Press. 2006.
Punished by Rewards: The Trouble with Gold Stats, Incentive Plans, A's, Praise, and other bribes, Alfie Kohn, Houghton Mifflin Publishing Company, New York, 1993
Positive Discipline: The First Three Years, Jane Nelson, ED.D, Cheryl Erwin, M.A. and AnnDuffy, Harmony Books New York, 2014
How to Raise a Child with High EQ.: A Parent's Guide To Emotional Intelligence, Lawrence E. Shapiro, PH.D. Harper, New York, 2003
Parenting from the Inside Out: How A Deeper Self-Understanding Can Help You Raise Childeren Who Thrive, Daniel J. Siegel, M.D. and Mary Hartzell, M.Ed. A TarcherPerigee Book, New York, 2014

Healthy Sleep Habits, Happy Child, 4th Edition: *A Step-by-Step Program for a Good Night's Sleep,* Marc Weissbluth M.D., Ballantine Books, New York, 2015

The Lost Art Of Listening: *How learning to listen Can Improve Relationship,* Michael P. Nicholas, PhD., The Gulford Press, London, 2009

Transactional Analysis in psychotherapy: *A Systematic Individual and Social Psychiatry,* Eric Berne M.D., Souvenir Press, London, 1989

Primer of Adlerian Psychology: *The Analytic - Behavioural - Cognitive Psychology of Alfred Adler,* Harold Mosak & Michael Maniacci, Routledge, London, 1999

منابع آنلاین:

https://www.bishtarazyek.com/

https://www.wikiravan.com/

https://www.babycentre.co.uk

https://childdevelopmentinfo.com

https://www.healthlinkbc.ca

https://wiki.babypro.ir/

کتاب های کودکان در کیدزوکادو

https://www.kphclub.com/child-books

برای تهیه کتاب ها از آمازون یا وبسایت انتشارات می توانید بارکدهای زیر را اسکن کنید

kphclub.com

Amazon.com

Kidsocado Publishing House
خانه انتشارات کیدزوکادو
ونکوور، کانادا

تلفن : ۸۶۵۴ ۶۳۳ (۸۳۳) ۱+
واتس آپ: ۷۲۴۸ ۳۳۳ (۲۳۶) ۱ +
ایمیل: info@kidsocado.com
وبسایت انتشارات: https://kidsocadopublishinghouse.com
وبسایت فروشگاه: https://kphclub.com

کتاب های فرزندپروری انتشارات ما:

Amazon.com   kphclub.com

Kidsocado Publishing House
خانه انتشارات کیدزوکادو
ونکوور، کانادا

تلفن : ۸۶۵۴ ۶۳۳ (۸۳۳) ۱+
واتس آپ: ۷۲۴۸ ۳۳۳ (۲۳۶) ۱+
ایمیل: info@kidsocado.com
وبسایت انتشارات: https://kidsocadopublishinghouse.com
وبسایت فروشگاه: https://kphclub.com